AF578105

MÍRAME, AQUÍ ESTOY

Angélica Ortiz-Arrieta

MÍRAME, AQUÍ ESTOY

Editado por: Corporación Ígneo, S.A.C.
para su sello editorial Ediquid
Av. Arequipa 185 1380, Urb. Santa Beatriz. Lima, Perú
Primera edición, octubre, 2022

ISBN: 978-612-5078-38-4
Tiraje: 50 ejemplares

Hecho el Depósito Legal en la Biblioteca Nacional del Perú N° 2022-09139
Se terminó de imprimir en octubre de 2022 en:
ALEPH IMPRESIONES SRL
Jr. Risso Nro. 580 Lince, Lima

www.grupoigneo.com
Correo electrónico: contacto@grupoigneo.com
Facebook: Grupo Ígneo | Twitter: @editorialigneo | Instagram: @grupoigneo

Adaptación de portada: Mariana Barrientos
Concepto de portada: Alessandra Marcantonini Ortiz-Arrieta
Corrección: Francesco Sarpi
Diagramación: Dianora Gómez Nessi

Colección: Integrales

Índice

Agradecimientos

En primer lugar, le agradezco a la hermosa familia que hemos construido con Emilio, mi esposo, quien siempre ha sido un apoyo incondicional, incluso no entendiendo muy bien mis motivaciones.

A nuestros/a amados/a hijos/a David, Yael, Leo y Ari, por su amorosa ayuda en diversos momentos en la escritura de este mi primer libro.

A Alessandra, nuestra sobrina, por el bello concepto de portada que con talento, paciencia y amor realizó para mi libro.

A mis primeras/os lectoras/es: Gloria, Pilar, Esther, Sofía, Leo, Yael, que me entregaron la valoración de mi libro.

Personalmente me agradezco por haber llevado a la acción el gran anhelo de escribir este libro como mi contribución a la vida.

Dedico este libro a mis amados/as nietos/as Sigal, Tali, Alen y a quienes vendrán formando parte de nuestra familia como un legado de amor y liberación.

Prólogo

«*Mírame, aquí estoy* parte de un testimonio muy honesto de su autora acerca de la experiencia con su niña interna. Desde ese punto de partida, el libro nos invita a tener confianza y a abrir nuestra mente para escuchar lo que ella quiere contarnos. Además, consigue cautivar por la fluidez del texto y la capacidad de captar la atención desde el principio.

Se introduce al lector en un mundo que le hace ponerse en la piel de lo escrito, pues son reflexiones contadas a través de experiencias únicas que llegan al intelecto y al corazón, mostrando una estructura muy original.

En primer lugar, es mucho menos frecuente que aparezca este tipo de libros en el contexto latinoamericano. *Mírame, aquí estoy* muestra, al desnudo, una serie de historias personales e íntimas que, sin embargo, se van tejiendo entre los diferentes dispositivos culturales. Las religiosidades, el clasismo, la cultura machista y las constantes represiones tan enquistadas en el colonialismo latinoamericano, y otras latitudes, aparecen, sin duda, en la obra de esta terapeuta. Cada historia responde a la forma de cómo la sociedad se ha ido construyendo, por eso se genera un proceso simbiótico en dónde lo social se plasma en lo individual y viceversa.

En segundo lugar, esta obra no es solo una ventana voyerista que presenta el dolor de otros, sino que, más bien, es un espejo donde podemos mirarnos e identificar parte de nuestras historias. Además, tiene como objetivo compartir las técnicas terapéuticas, ya que pone a nuestro servicio la posibilidad de una autosanación y gracias al gesto solidario de la autora, es que nos convertimos en cómplices de cada sanación. Queremos que el o la consultante sane a su niña/o interna/o, que la/lo encuentre y que la/lo salve. En este camino, cada lector/a evoca sus propios demonios y a sus niños/as internos/as; y si tiene ganas, puede llegar a acogerlos/as».

«Impresionan los personajes masculinos que aparecen en este libro debido a que, en una cultura como la nuestra, ser hombre y pedir ayuda son dos situaciones que, a veces, cuesta compatibilizar. La presencia de ellos invita a reflexionar en los hombres de nuestra vida (padre, esposo, amigos, hijos, entre otros), sobre cómo han vivido sus procesos y enfrentado sus dolores.

Del mismo modo, es importante destacar que con este tipo de trabajo terapéutico se podría contribuir a una mejor convivencia entre los diversos géneros y a disminuir la violencia intrafamiliar, lo que considero que puede ser un objetivo a largo plazo».

«Hay belleza en cada página pasión por relatar vivencias y pensamientos cargados de emociones. El texto es muy llamativo y personal, llama la atención del lector por la naturalidad que contiene y expresa. Es una continua sorpresa y un maravilloso descubrimiento. Nos parece una información muy valiosa de la que podemos aprender todos y que nos hace mirar en nuestro interior y sentirnos, en algunos casos reflejados.

Este libro puede usarse por el interés que despierta, como manual de cabecera, como libro de autoconocimiento para mejorar nuestras acciones, para visualizar la vida con otra perspectiva con propósitos para ser feliz y hacer felices a los que nos rodean y, por supuesto, para profesionales del mismo sector.

Considero que las palabras expuestas pueden resultar un foco de interés para aquellos/as que no están convencidos/as de este tipo de abordajes terapéuticos, pero que están buscándose a sí mismos/as».

«Sugiero de corazón que te atrevas a caminar en esta senda que, al final, te llevará a la libertad y a vivir consciente, comprendiendo que solo nosotras/os somos responsables de nuestra vida y no hay culpables en nuestra historia. Somos todas/os inocentes, cada edad vivida está dentro de ti, de tu conciencia y de tu memoria».

Palabras de las primeras lectoras de esta obra.

Introducción

Mi niña interna corre tras de mí hasta que soy capaz de parar, mirarla, y reconocerla; entonces con gran sorpresa y dolor surge su existencia, es más, me seguía sin descanso y yo continuaba mi vida con la total inconsciencia e indiferencia de su presencia. Gracias a que logré escucharla, pude sentirme, dolerme y expresarme. Incluso, sané y reparé la relación con mi padre, quien había muerto hacía ocho años.

A medida que iba creciendo, fui percibiendo que muchas miradas amorosas, alegres, comprensivas y contenedoras se posaban en mí, lo que me hacía sentir amada, aceptada y libre de ser como «creía que era yo». A su vez, me daba cuenta de que había una mirada que percibía esquiva y esa era la de mi padre. Sentía que él no me veía como mi niña necesitaba que lo hiciera.

Cuando tomé una verdadera consciencia de esto, me llevó a un doloroso y sanador camino recuperar esa mirada, claro, de la mano de mi niña interior. Constaté cómo esta herida condicionó mi vida, debido a que buscaba en otras miradas la evasiva de mi padre.

Para hacernos cargo de estas heridas no resueltas, tenemos que sanar a nuestro/a propio/a niño/a interior y, de esta manera, liberar su enorme poder espiritual. Tu experiencia original es el encuentro con tu niño/niña interior. Ser niños/as significa seguir siendo espontáneos/as, capaces de vivir concentrados/as en el momento, imaginativos/as y creativos/as.

El concepto de «niño/a interior» es uno de los elementos más útiles y valiosos que permite trascender los miedos, aprehensiones y obstáculos erigidos por la persona.

Desde que Carl Gustav Jung (médico, psiquiatra y ensayista suizo) acuñó el concepto del «motivo del niño» o el del «arquetipo infantil», primero, en 1914, con su obra fundamental sobre *Arquetipos*, y luego, en 1940, con su también célebre artículo «Psicología del arquetipo infantil», se comenzó a referirse al motivo del niño como una representación de ciertos aspectos «olvidados» de nuestra infancia.

De forma terapéutica, se trata de reconectar con ese pequeño ser, así como también sanarlo y aceptarlo para poder continuar con sus vidas cotidianas.

El/la niño/a interior es, al mismo tiempo, una realidad de nuestro desarrollo y una posibilidad simbólica.

Es el alma de la persona creada en nuestro interior por medio de la experiencia vital. Como sugirió Jung, el niño representa una «plenitud» que abarca lo más profundo de la naturaleza.

La voz del/de la niño/a interior es fundamental en el proceso para llegar a ser nosotros/as mismos/as. La individuación, como el proceso de desarrollo de la propia personalidad a lo largo de la vida, está ligada y gira en torno a la identidad singular del yo infantil.

El rescate y la recuperación del/de la niño/a interior es un trabajo que requiere de un tiempo y un espacio perfectos, donde están todas las condiciones para que ese ser oculto en las profundidades de nuestro inconsciente salga y permita que lo rescatemos.

Con respecto al/a la niño/a interior, me refiero a la parte de la psique que está en contacto con nuestra alma y, por tanto, con toda la potencialidad del ser.

El/la niño/a es humilde por naturaleza, le gusta jugar y aprender, fluye con sus emociones, no juzga y no se juzga, no hiere y no se hiere, todo porque está en contacto con el alma.

Con relación a todo esto, también aludo «al/a la niño/a interior herido/a» que todos/as llevamos dentro, sentado/a en lo profundo de nuestro corazón. Ahí, en el plexo cardíaco, cruce del eje vertical. Tierra-cielo o, dicho de otra forma, materia–espíritu. Y en el eje horizontal, aquel que se manifiesta cuando desplegamos los brazos para abrazar o herir al otro.

Nacemos ya con un equipaje enorme de creencias evolutivas, históricas, culturales y familiares. Pero, incluso con todas estas limitaciones, cuando somos niños/as estamos del todo abiertos/as y receptivos/as a lo que la vida nos trae. Vivimos cada instante con entrega y pasión.

Con las primeras heridas empezamos a construir las primeras corazas, es decir, a generar mecanismos de defensa que nos permitan la adaptación y sobrevivir, que no es lo mismo que vivir. Vamos quedando enredados/as en una lucha interminable con la vida, en lugar de experimentar la danza de la vida, que es la de la creación.

La mayoría de nosotros/as hemos olvidado cómo jugar y la alegría de la creatividad. Sin alegría nos encontramos siempre huyendo del dolor, sin creatividad huimos con frecuencia del vacío, incluso caemos en la adicción a ser víctimas.

Los traumas inconscientes de tu infancia te mantienen en contacto debido a que te hacen correr alrededor del agujero donde se haya oculta tu niña/o divina/o.

Mientras seguimos decididos/as a avanzar hacia nuestro propio, rápido y lógico ritmo, como me ocurrió a mí, la/el niña/a interior permanece oculta/o porque los ritmos naturales del cuerpo son lentos.

La pequeña ave-alma, que se escondió en una caja oscura en la infancia, necesita tiempo para aprender a confiar de nuevo y abrirse al mundo.

Tan pronto como nuestro niño/a interior se llena de vida, dice: «Esto es lo que soy, estos son mis valores». Se necesita una inmensa valentía para averiguar las capacidades de nuestro propio ser divino, y aún más fuerza para vivirlos y sacarnos las corazas, los disfraces, las caretas que nos fuimos colocando desde nuestra gestación, infancia y adolescencia para ser amados/as, aceptados/as y no rechazados/as.

Sanar a tu niña/a interior te permite vivir la vida minuto a minuto, dejando que se exprese con creatividad, alegría y libertad a través de ti, cuidando de ella/él como de su versión adulta, tal como su padre o su madre interno/a.

El acceso al alma está siempre disponible. Eres tú quien decide cuándo lo utiliza. En el alma te liberas del pasado. No hay nada que hayas hecho que no puedas trascender, porque eres mucho más que cualquiera de tus acciones.

Este libro es producto de doce años realizando psicoterapia de forma independiente, en vista de que, con anterioridad, he trabajado todo ese tiempo en el centro donde me formé en Consejería y Orientación Familiar (Centro Nacional de la Familia, Cenfa, Santiago de Chile).

Desde que comencé a trabajar pude ir percatándome, cada vez con mayor asombro, de cómo los/las niños/as interiores de las personas que atendía se colaban en la terapia.

Por primera vez, comenzaba a tener voz ese trauma, ese dolor que había quedado bloqueado en el pasado y que resonaba en el presente cada vez que mi consultante tocaba, de manera inconsciente, la tecla de esa herida.

Eso dejaba a la persona sin herramientas para responder a la situación que estaba viviendo como adulta en el presente.

Al ocurrir esto, el paciente volvía a tener la misma edad y razonamiento psíquico que cuando se había producido el trauma o la herida. A su vez, le provocaba una sensación de enojo, frustración y vergüenza por haber tenido ese comportamiento, sin entender de dónde venía y por qué había tenido esa reacción.

Así, de observar y ver cómo las personas iban sanando sus dolores a través de sus niños/as interiores, me fui dando cuenta de la importancia que tenía sacarlos/as a la luz e integrarlos/las a su proceso terapéutico.

Esta experiencia en la praxis de profunda y permanente sanación es lo que me impulsa hoy a querer compartir con ustedes, mis lectoras/es, las vivencias de mis consultantes para exponerlas en este libro.

También les quiero mencionar que pueden comenzar a trabajar con sus niñas/os interiores, en la medida que vayan leyendo estas historias de reparación y sanación. De esta manera, podrán adquirir las herramientas que precisan sin necesidad de un terapeuta. Sin perjuicio de que, si alguno/a siente que necesita este acompañamiento, lo busque.

En consecuencia, esta obra representa la esencia de mi trabajo. Quiero agradecer con profundo amor y aprecio a mis consultantes por su deseo y el valor de abrazar su cambio y su transformación de la mano de sus niñas/os interiores.

He diseñado la metodología de un modo progresivo para permitir un trabajo personal que sane las experiencias negativas de la infancia. Al mismo tiempo, genere un nuevo equilibrio interior y desarrolle nuevas habilidades necesarias para afrontar con éxito la vida presente, reencauzando o canalizando los asuntos pendientes del pasado que podrían estar afectándonos.

También quise propiciar un encuentro más fino hacia nosotros/as mismos/as y después hacia los demás. La idea es que, si tú puedes sanar, calmar y nutrir a ese/esa pequeñito/a interior, ahí está la clave de tu verdadera autoestima para que te conviertas en tu mejor versión.

No puedes evitar ser quién eres, eso es lo que respiras por ti. Tus problemas comienzan cuando pretendes ser quien «no eres». El alma es tu realidad mayor, es perfecta. Ya eres perfecta/o en quién eres y en lo que eres.

No es necesario que seas el todo para todas/os, ni siquiera trates. Tan solo sé quién eres para ti. Ese es uno de los más grandes desafíos.

Recupera tu inocencia, curiosidad, confianza y expansión que la vida está para ti, para que te encuentres en ella con alegría, paz y felicidad. Que cada día sea una celebración de lo aprendido y lo trascendido.

Te invito a su encuentro.

Capítulo 1

Curación emocional con mi propia historia

Somos el mundo. Cuando nos transformemos, el mundo en el cual vivimos también se transforma.

Deepak Chopra

Caminamos mirando el suelo porque no soportamos alzar nuestra vista. Portamos sobre nuestras espaldas todo el dolor de las experiencias de nuestra vida que no hemos soltado ni perdonado.

Y aún nos preguntamos: ¿por qué no cambia nuestra vida? El camino está listo para el cambio, pero debemos comenzar amando nuestro proceso, dolor y los errores para después trascenderlos, soltarlos y, entonces, iniciar el vuelo. Hemos venido a gobernar, brillar y amar.

> Por más que quieras escapar de tu dolor,
> este te sigue desde tu inconsciente.

Mi historia en terapia

Estoy en terapia. Es parte obligatoria del currículum para mi formación de Orientación y Consejería Familiar, como ya mencioné. Es lo que estoy estudiando en la segunda mitad de mi vida, debido a que mi primera profesión es Educadora Diferencial, especialista en niños/as con trastornos de audición y lenguaje (Universidad de Chile, Santiago de Chile).

Más adelante, en el ejercicio como terapeuta, me daría cuenta de que continuaría trabajando con los/las niños/as interiores de mis consultantes, con la finalidad de que pudieran «sacar su voz». Así como también les enseñaba a sacar la voz a mis niños/as sordos/as. La vida nos lleva por caminos muy sorprendentes.

Estoy con mi terapeuta trabajando a mi padre, quien falleció, en ese momento, hacía ocho años, como les había relatado. De pronto, le digo: «No puedo recordar su mirada. No tengo su mirada en mí». Eso me provocó mucha angustia y sentí deseos de llorar.

Mi terapeuta, al ver mi angustia, me hace una pequeña inducción, diciéndome que cierre los ojos y que me focalice en mi respiración. Estoy en eso, inspirando y exhalando, siguiendo el ritmo de mi respiración, y me veo: estoy bajando una escalera tomada de la mano de mi padre. Tengo unos cuatro años. Él va adelante y lo veo tan grande. Se da vuelta y me mira para que baje segura y sin tropezar (es la casa de Valdivia, el lugar donde nací. Una hermosa ciudad del sur de Chile). Me ve y lo observo. Las lágrimas caen por mis mejillas. La emoción del momento es inmensa. «¡La tengo, la tengo!», le digo con voz entrecortada a mi terapeuta. «Ya tengo la mirada de mi padre en mí».

Fue tan grande el impacto y la emoción que me produjo ese encuentro con mi niña interna, que pensé: «Al terminar mi Diplomado, voy a explorar a esta/e niña/o interior con mis futuros consultantes». Y claro está que no formaba parte del programa de estudios trabajar con los/las niños/as interiores.

Mis padres se separaron cuando yo tenía diecisiete años. Quedamos viviendo juntos mi mamá, mi hermana y mi hermano, ambos mayores que yo.

Cuando tenía treinta y ocho años y estaba casada con mi actual esposo, ya teníamos cuatro hijos. Mi padre sufrió un ataque al corazón en la calle y estuvo hospitalizado casi por cuatro meses.

Durante su hospitalización, iba a verlo a diario junto con mi hermana. Mi mamá lo visitaba algunas veces. Mi hermano mayor había fallecido hacía 9 años, lo que ocasionó un gran dolor en nuestra familia, en especial a mi madre.

Creí que, durante esos meses, había cumplido como hija y, al morir, fue capítulo cerrado. En realidad, sentía que había estado muy ausente en mi vida, aunque habíamos vivido juntos hasta mis diecisiete años.

Al emocionarme, al sentir a esa niña de cuatro años que habitaba en mí, yo me encontraba en completa ignorancia de su existencia, de su mirada. ¿Y por qué esa emoción? Si yo había decidido hacía mucho tiempo que no me importaba, que no lo necesitaba, debido a que mi madre, a quien adoraba, cumplía y llenaba todas mis expectativas de amor, cuidado, comprensión y contención.

¿Qué estaba sucediendo entonces? Pues, que era solo el comienzo para ir al reencuentro y reparar mi relación con mi padre. Que no me importara y que no lo necesitara eran los grandes mecanismos de defensa que yo misma había levantado para sobrevivir a la sensación de desamor e indiferencia que había percibido e instalado en mi fábrica de significados cuando era pequeña.

Así es, creamos una fábrica de significados con las percepciones, interpretaciones, sentimientos, emociones y hábitos que transformamos en creencias.

Esta creencia seguía condicionando mis relaciones sociales, familiares, laborales y de cualquier ámbito, en vista de que, al no ser consciente, lo aplicaba a todo sin filtro alguno.

Si consideraba que una persona significativa, o no para mí, no cumplía con mis expectativas de lo que debía ser, tan solo la sacaba de mi vida como había hecho con mi padre. Si lo había sacado a él, ¿qué más quedaba para las demás personas? Y mi discurso era «no la necesito, no es importante».

Al ir haciendo consciente lo inconsciente y sanando junto a mi niña, fui transformando esta conducta tan dura, tanto conmigo como para los demás. Así como tantos otros comportamientos que fui modificando al sanar y reparar con mi niña interior.

Mientras mi padre estuvo hospitalizado, había tenido problemas con mi voz (disfonía). No lo podía creer cuando mi terapeuta me hizo ver que mi posterior afonía (pérdida total de la voz), al poco tiempo de fallecer mi padre, se debió a todo lo que no le expresé en vida.

Incluso, ni siquiera me lo había expresado a mí misma. Lo que en verdad había necesitado era su cariño, comprensión, consejo y todas las cosas que yo esperaba de mi papá. Estuve casi un año en rehabilitación para poder recuperar mi voz en manos de un equipo multidisciplinario.

Nunca hubiera relacionado su muerte con mi pérdida de voz, ¡así de ciega estaba! También me di cuenta de la envidia que había tenido por mi hermana al sentir e interpretar que ellos tenían un código especial para comunicarse. A ella sí la había visto y amado, ¿y qué pasaba conmigo? ¿qué tenía ella? Fue muy doloroso para mí reconocerlo, debido a que la quiero muchísimo y siempre habíamos tenido, y seguimos teniendo, una gran relación de hermanas y amigas.

De igual manera, me iba dando cuenta de otros patrones de conducta que había seguido en diversas situaciones de mi vida, y en mis diferentes líneas de tiempo, según las edades en las que mis niñas reclamaban expresarse.

Además, me percaté de que buscaba la mirada y aprobación en otras personas. Para ello, de pequeña y preadolescente recitaba concitando la atención y admiración de los adultos.

Siempre encontraba a un adulto que me decía lo hermosa e inteligente que era, tal como algunos tíos y mi abuelo materno, quien me quiso muchísimo. Creía que no necesitaba nada más, pero, dentro, muy dentro de mí, imperceptible por los mecanismos defensivos que había levantado, iba quedando una huella de desamor e indiferencia de mi padre.

Entre muchos otros comportamientos, desde pequeña le hacía frente a mi padre cuando me llamaba la atención. Al verme tan desafiante, terminaba riéndose y diciendo: «A esta niñita no se le puede retar».

Este patrón de conducta inconsciente de defenderme a como diera lugar, fue mutando en vehemencia, como luego pude reconocer. Tras exponer y defender mis puntos de vista, lo hacía con mucha intensidad y me llevé la etiqueta de peleadora. Cuando a una le tildan una etiqueta, de manera involuntaria, tiene que responder a ella.

Ese entusiasmo lo seguiría trabajando, y aún lo sigo haciendo, pero ya de manera consciente, aceptando que forma parte de mí. Puedo observarme desde esa parte y, a la vez, no identificarme con ella. También soy capaz de observar cuándo y en qué circunstancias aparece. Es así como tengo la capacidad de decidir mirar las cosas desde otra perspectiva. La aceptación de aquellos comportamientos y emociones que no nos gustan es básico para transformarlas.

Entonces, continué trabajando lo significativo que había sido mi padre en mi vida. Comencé a escuchar, a darle voz a mis niñas interiores y a todas esas partes que habían quedado congeladas en el tiempo por el dolor de esa ausencia que yo ignoraba.

Este reconocimiento y aceptación de mis partes desplazadas me iban completando, a medida que reparaba y sanaba con mi niña interior. Así pues, le daba todo el amor, comprensión y contención que sintió que no tuvo. La dejaba que, de manera libre, expresara los sentimientos de rabia, pena, celos e impotencia que había negado por tanto tiempo.

Cuando negamos esa voz interna, como lo hice por tanto tiempo, estas cosas no resueltas nos hacen experimentar la vida más difícil, más pesada. Nuestra/o niña/o interior experimenta estas experiencias negativas como no resueltas, por lo que, como adultos, tenemos que completarlas y suelen aparecer situaciones que nos obligan a hacerlo. Eso no resuelto antes, aparece ahora y no somos capaces de hacerlo, de resolverlo. Solo hasta que tomamos conciencia y nos hacemos cargo.

Por lo tanto, al ir sanando a mi niña interior, también me iba reparando con mi padre. En especial, pude ver al niño interior que también se escondía detrás de él y, a partir de ahí, entender que me amó como pudo, desde sus propias carencias y orfandad.

Hoy puedo decir: «Papá, te honro, te amo». A ambos, tanto a mi padre como a mi madre, quien falleció hace ya doce años y tuvo un rol tan importante y valioso en mi vida. Fue una persona maravillosa, mi gran maestra y guía. Con su partida dejó un gran vacío en mí, en mis hijos, en mi hija, en mi esposo, en mi hermana y en todas las personas que tuvieron el regalo de cruzar sus vidas con ella.

Papás, les agradezco por haberme dado la vida. Tomo mi existencia, no me deben nada. Los llevo por siempre en mi corazón, donde quiera que vaya.

Quiero terminar mi historia hablándoles de la «sabiduría del trauma», como lo llama el doctor Gabor Maté (médico que ha estudiado y difundido la importancia de sanar el trauma).

Sabiduría y belleza del trauma

El trauma es una desconexión del ser que ocurre cuando nos resulta demasiado doloroso ser nosotros/as mismos/as en el entorno donde crecemos. Dentro de ese trauma existe una «sabiduría» cuando nos damos cuenta de que nuestras respuestas y huellas traumáticas no somos nosotros/as, y que podemos trabajarlas para convertirnos en nosotros/as.

También se le llama «la belleza del trauma» y, aunque parezca muy contradictorio en una primera instancia, yo he descubierto su sabiduría y belleza al transformar, reconocer, aceptar, trabajar y sanar mi propio dolor en mi propósito de vida.

Este libro no estaría saliendo a la luz si no hubiera sido de la mano de mi niña interna, quien me mostró el dolor que yo cargaba en mi corazón. Muchas veces era dura e inflexible ante personas y situaciones que me activaban ese trauma inconsciente cada vez que tocaba esa emoción.

Por ende, vemos como ese dolor o trauma lo podemos transformar en nuestra misión de vida. De ahí que nos permitamos hablar de la sabiduría y la belleza del trauma.

Los invito al Capítulo 2 para introducirnos en cuatro historias sorprendentes y conmovedoras de transformación en el encuentro con sus niños/as interiores.

Capítulo 2

Encuentro con mi niña/o interior. Sanación y reparación

Hay un manantial de vida dentro de cada uno de nosotros, a donde podemos ir en busca de limpieza y transformación.

Deepak Chopra

La terapia que realizo tiene un enfoque sistémico, es decir, que se orienta, en principio, al cambio en los procesos de comunicación e interacción, manteniendo la idea de ver a la persona en su entorno o en el contexto de los sistemas de los que forma parte, tales como: el propio, el familiar, el relacional, el educacional, el laboral, etc. Llevo a cabo un acompañamiento que incluye diversas técnicas y herramientas que he ido incorporando, transformándose en una terapia bastante holística.

Dentro de estos instrumentos, el trabajo con la/el niña/o interior es un pilar fundamental, debido a que forma parte de nuestro sistema interno. Al ir trabajando con mis consultantes, he podido constatar cómo han ido reparando y sanando sus traumas, incluso los más dolorosos: relacionados con el abuso sexual.

Comenzaré narrando algunas experiencias e historias que he seleccionado de mis consultantes, para así mostrarles cómo usé las herramientas que detallaré. Los/las ayudo a ir al encuentro de «su niño/a interior».

La mayoría de las personas que he atendido en estos años presenta comportamientos automatizados que se han instalado por el condicionamiento de sus inconscientes y que llegan a mí cuando se dan cuenta de que están sufriendo y necesitan ayuda.

En este punto, me gustaría precisar, de nuevo, que también ustedes, mis lectoras/es, pueden realizar este viaje, de verdad heroico hacia su interior, sin necesidad de un terapeuta, guiándose por el camino que voy a ir trazando en la medida que vayan leyendo. Sin impedimiento, como dije, por si alguno considera que lo necesite, busque esta ayuda terapéutica.

Ahora vamos a conocer las historias de Alicia, Leandro, Carmen y Alonso, cuyos nombres han sido cambiados para proteger sus identidades.

Si no te miras, no te puedes conocer; si no te puedes conocer, no te puedes observar; si no te puedes observar, no te puedes amar; y si no te puedes amar, no puedes amar a los demás.

Pablo d'Ors

La historia de Alicia

¿Este hombre era diferente? Así lo creyó Alicia.

Ella llegó a la terapia convencida de que necesitaba ayuda. Cuando entró, vi a una mujer de cuarenta y cuatro años, de mediana estatura, cabello corto castaño y grandes ojos de color café. Al comenzar a conversar, observo que en su mirada hay un dulce halo de tristeza.

Acudió con el sentimiento de terminar con su pareja, con quien llevaba seis meses de relación. Había descubierto que todo lo que le había contado cuando se conocieron era una verdad a medias.

Él le había dicho que se estaba separando, de una vez por todas, de su mujer, porque, con anterioridad, lo habían intentado y habían vuelto. Esta vez, según él, era diferente, debido a que le había asegurado que era la definitiva y que, incluso, se había cambiado a una cabaña lejos de su esposa y sus dos hijos.

Alicia había averiguado y confirmado que su mujer se había instalado con él y sus hijos hacía dos meses y que estaba dispuesta a recuperarlo. Al confrontar a su pareja, él había corroborado todo y se comprometió a solucionarlo a la brevedad posible, porque estaba enamorado de ella y no quería perderla.

Se sentía engañada, decepcionada y triste. Su enojo iba en dos direcciones, por un lado, sentía rabia con él por engañarla, por el otro lado, lo que más le dolía era el enojo que tenía consigo misma por haberse relacionado, una vez más, con un hombre casado.

Ella había tenido una relación anterior que había terminado hacía cuatro años, de la que solo rescataba el nacimiento de su hijo. El resto había sido un desastre para ella.

Cuando conoció a su actual pareja, le pareció un hombre diferente, distinto al anterior. Entonces, puso su fe en él y decidió darle una oportunidad al amor.

Ahora, luego de la decepción, había concluido en que todos los hombres eran unos mentirosos, no queda ninguno sincero que se quiera comprometer en verdad.

Después de escucharla, le mencioné que era muy probable que le tenía miedo al compromiso. Era ella quien atraía hombres que no se quisieran comprometer. Alicia se sorprendió y, según sus propias palabras, fue como un balde de agua fría comenzar a barajar la idea de que la responsabilidad estaba en ella.

¿Cómo era eso?

Cuando hay dificultad para encontrar a la pareja anhelada, es importante comenzar a indagar en cómo se dio la relación con el padre durante en la primera infancia (de cero a siete años). El padre es el primer amor de la niña, así como la madre es el primer amor del niño. De ahí el complejo de Edipo y Electra.

También hay que indagar cómo a esa/e niña/o le transmitieron sus cuidadores (pueden ser padres, abuelos, personas que se hicieron cargo de su crianza) lo que era el amor.

Los mensajes que la/el niña/o va internalizando de cómo es el amor se construyen, en principio, en el hogar. Esos que la/el niña/o internalice condicionarán su elección de pareja.

El/la niño/a puede internalizar, por ejemplo, creencias, tales como: «el amor es maltrato, el amor es indiferencia, el amor es infidelidad».

Con Alicia ocupé una técnica que he llamado «inducción», para que buscara a su niñita interna. Antes de comenzar, le expliqué que, en ocasiones, la niña interior no aparece porque no confía lo suficiente para hacerlo, así que no había que tener expectativas y entregarse a esta nueva experiencia. También que su niñita, si se dejaba ver, podría ser en un recuerdo, en una foto, en una visualización o en cualquier forma que encontrara. De esta manera inició la inducción.

Inducción

Alicia, acomódate con brazos y piernas sin cruzar y cierra los ojos.

Ella hace lo que le dije y se instala en el sillón. A continuación, le pido hacer tres inspiraciones profundas por la nariz, inflando el estómago sin subir los hombros y exhalando el aire de una vez por la boca (esto se hace para relajar la mente de los pensamientos que puedan estar interfiriendo).

Alicia, con cada respiración, soltaba su mente y se entregaba a las instrucciones que le iba sugiriendo.

Ahora, vamos a realizar una inspiración lenta y profunda por la nariz. Retenemos uno, dos, tres y botamos el aire de forma lenta por la nariz. Lo repetimos una vez más y continuamos respirando a tu ritmo por la nariz, siempre con los ojos cerrados.

Se notaba en su expresión facial y en su cuerpo que se encontraba relajada.

Entonces, empiezo la segunda parte y le doy las indicaciones.

Alicia, ahora vas a hacer como si dieras vuelta a tus ojos hacia dentro con tus manos. Estos ojos que siempre miran hacia fuera, ahora van a mirar hacia dentro de ti y, de a poco, se van a ir acostumbrando a la oscuridad. Ahora, vas a ir a buscar a tu niñita, quien puede estar en cualquier lugar: jugando en el patio, escondida debajo de la cama en su pieza, detrás de la puerta, viendo televisión, en el colegio, en cualquier parte.

Si la encuentras, me relatas qué está pasando.

Ella comenzó su búsqueda interior. Me relata que la primera imagen que viene a su mente es el recuerdo de su niñita dando vueltas en su triciclo, en un patio de la casa donde vivían cuando tenía seis años.

Está sola y escucha que sus papás discuten en la cocina. Ella da vueltas más rápido en su triciclo y, en una vuelta, se cae. Está en el suelo llorando, mamá sale y le dice que se pare porque no fue tanto, que ya le ha dicho que tuviese cuidado y que entrase de nuevo.

Su niñita sigue llorando bajito en el suelo. Al instante, llega su papá, la toma, la abraza, la lleva a la sala de estar, la sienta en el sillón y la besa. Ella mira y ve que su papá toma una maleta y se va. La pequeña se para y corre a la puerta gritando «papá, papá». Pero él no se da vuelta y sale por la puerta con la maleta. La niña se queda ahí, mirando por donde su padre se marchó.

Le pregunto si cree que se pueda acercar a su niñita para consolarla y me dice que lo va a intentar. Entonces, se acerca a ella con lentitud y se agacha para quedar a su altura. Su niñita la mira, tiene sus ojitos llenos de lágrimas y Alicia, de manera instintiva, se las seca con suavidad con su mano. Su niñita la mira y ella la abraza. Se quedan así, como si se hubiesen estado esperando.

Le sugiero que le diga que está muy feliz de haberla encontrado, que la perdone por no haberla reconocido antes, que la quiere tanto, que nunca más va a estar sola porque ahora está ahí para cuidarla y protegerla. Que confíe en ella. Alicia me dice que se lo pudo decir todo.

Le pregunto si recuerda el lugar donde su niñita se sentía feliz y segura. Me dice que es en su pieza, jugando con sus peluches. Después de unos minutos, Alicia la conduce de la mano a su dormitorio y le dice que en el momento que la necesite va a estar para ella, que nunca va a estar sola. Su niñita se queda jugando tranquila.

Le pido que vuelva a centrar su atención en su respiración, inhalando el aire por la nariz, reteniendo y soltando de una vez por la boca. Así, tres veces de forma lenta. Cuando esté preparada, vuelve al aquí y al ahora.

Alicia, cuando regresa de este primer encuentro, luce muy emocionada. Me cuenta que al abrazar a su niñita, la sintió frágil y triste. Recordó ese patio y su triciclo. Fue capaz de evocar a su papá, unas veces cariñoso y otras indiferente. También recordó a su mamá haciendo las cosas de la casa y sirviendo a su papá, a quien pudo ver cómo reclamaba y discutía con su madre, imponiendo su forma de hacer las cosas y contrariándose ante cualquier error.

Mientras discutían y gritaban, ella se escondía en su pieza y abrazaba sus peluches. Su padre viajaba mucho por su trabajo y era habitual su ausencia, sin embargo, un día no volvió. Lo vio, de nuevo, cuando tenía diez años. Él ya tenía otra familia.

Le pregunté: «¿En qué crees que se parece tu actual pareja a tu papá? Alicia se quedó pensativa y respondió: «En todo. Tiene otra familia, a veces es cariñoso, puede desaparecer dos días y no sabría nada de él. Después vuelve como si nada, muy amoroso. Ahora me doy cuenta de que no me atrevo a decirle las cosas que me molestan por miedo a que se vaya». Alicia había hecho un descubrimiento muy importante.

Luego, revisamos sus otras relaciones y en todas se reflejaba un patrón similar de conducta. En este punto, se evidenciaba que sus relaciones seguían un esquema, que era la consecuencia de cómo había percibido el amor en su infancia.

Alicia había interpretado e instalado la creencia inconsciente de que «el amor es abandono e indiferencia mezclados con cariño y autoritarismo».

Descubrir este patrón en sus elecciones de pareja y la creencia de que era posible que lo había instalado de pequeña la impresionó mucho. No obstante, eso le dio esperanza.

Alicia creyó que podría cambiar su vida. El primer paso ya lo había dado. Había sido capaz de traer su creencia sobre el amor al consciente. Estaba en condiciones de romper el patrón. Ahora era capaz de elegir una pareja diferente en el futuro.

Su tarea más próxima era poner fin a su relación. Entender su propio comportamiento y haber conocido su origen la hacía sentir que se encontraba en buen camino.

Así era el amor, así lo había entendido.

Los infantes no pueden creer que sus figuras significativas no los quieran. En este caso, Alicia no podía concebir que «papá» no la amara. Si los niños pensaran que no son amados por sus progenitores o cuidadores, esa creencia los destruiría. Es por esto que interpretan que la forma de actuar de sus cuidadores es como se debe expresar el amor.

A medida que van creciendo, se dan cuenta de que el amor es diferente: cariñoso, comprensivo, contenedor, confiable y es tal cual como lo quieren encontrar. Pero como manda la creencia instalada en el inconsciente durante su infancia, se produce una dicotomía entre lo que dicen buscar y el tipo de personas que atraen.

Durante su vida, van atrayendo parejas muy parecidas o iguales a esa creencia instalada, que condiciona sus relaciones significativas, tales como: parejas, amistades, relaciones laborales, entre otras, y todas se comportan de esa misma forma.

Alicia comenzó a trabajar su relación con su papá. Su niñita interna, quien llevaba esa herida, la estaba conduciendo. Se percató de que, desde que su papá se había separado de su mamá cuando tenía nueve años, nunca había podido expresar sus miedos, sus preguntas de cuándo volvería a verlo, sus rabias, sus penas. Esta era la primera ocasión. Ella, por fin, podía gritar, llorar y desahogar su dolor.

Al separarse sus papás, su vida cambió de manera abrupta. Su mamá partió con ella a una ciudad del sur de Chile, donde vivía la abuela y su familia materna. Alicia no solo había perdido a su papá, sino a su familia paterna, su colegio, sus amistades y la casa que tanto le gustaba.

Una de las situaciones que más la angustiaba era ver a su mamá tan triste que sentía que ella tenía que asumir todo lo que fuera con tal de ayudarla. Le costó mucho acostumbrarse a su nueva vida, tanto que su personalidad cambió por completo. De ser una niña alegre, conversadora y amistosa, pasó a ser retraída, callada y solitaria. Su mamá estaba tan ocupada sacando la familia adelante que no notaba estos cambios en Alicia, y el papá parecía que se había olvidado de ellas.

Alicia pudo ver que su niñita nunca le había dicho a su mamá ni a nadie lo que sentía. Por primera vez, permitía y se permitía, a través de su niña interna, expresar todo lo que había padecido en silencio, y cómo cuidó la emocionalidad de su mamá, a quien veía tan angustiada, por lo que no podía dar otro motivo de preocupación con su sentir. Era lo único que tenía y debía cuidarla.

De alguna manera, Alicia tomó el lugar de su padre al proteger a su mamá. Por ese motivo, se puso el rol parental (de los padres) y se salió de su rol de hija en algunos aspectos, asumiendo responsabilidades que no le correspondían y que se fueron normalizando con el tiempo.

Ni su mamá ni otra persona adulta, como podría haber sido la abuela, se ocupó de explicarle que el hacerse cargo de muchas labores de la casa no era lo que tendría que estar haciendo. Sino que, a sus nueve años, debió estar jugando con sus amiguitas, ocupándose de sus estudios o soñando con las cosas que la hacían feliz. No obstante, por las circunstancias que estaban viviendo, era su deber hacerlas; ellas valoraran mucho cómo estaba ayudando a su madre.

Alicia veía como algo normal llegar del colegio, servirse su almuerzo y hacer las cosas de la casa. Ella estaba sola toda la tarde, mientras su mamá trabajaba, y lo hacía mucho. Y por eso siempre estaba triste. Por más que se esforzaba por contentarla, no lo lograba.

Alicia comenzó a hablar con su niñita y a decirle todas las cosas que a ella le hubiera gustado que le dijeran. Le sugerí que, si le resonaba, es decir, si le daba sentido, le podía escribir una carta a su papá y otra a su mamá, quien había fallecido hacía unos años, y dejara que hablara su niña interna en las edades que le fueran surgiendo.

Y así lo hizo. Me contó que, al escribir a sus papás, habían hablado sus niñitas de cinco, de nueve y de doce años. Fue tan liberador poder decir sus miedos, sus rabias, sus penas a su papá y a mamá, algo que también agradece su figura adulta.

Este ejercicio le permitió llorar, y lo hizo mucho. Su niña interna soltó lágrimas en las distintas edades, como también lo hizo la adulta. Pudo diferenciar, con claridad, cuando era una o era la otra.

Asimismo, sintió que debía entregar a su mamá cuál había sido su percepción del amor y cómo se expresaba. Le mostró que el amor que ella había aprendido era así, con indiferencia, abandono y autoritarismo. Que ella creía que debía ser sumisa, dejar de ser ella para ser lo que su pareja quisiera. Que negarse a sí misma como ser humano era el precio por no ser abandonada. Alicia había aprendido eso de su mamá y era lo que había hecho hasta ese momento.

Alicia decía: «¡Ya no más! ¡Basta!». Toda esta experiencia con su niñita interna le estaba dando la fuerza para terminar definitivamente con este hombre. Ya no le decía pareja.

Cartas de Alicia a sus padres

> Mamita, te escribo yo, tu hija de cinco años, para agradecer todo el cariño que me das. Siempre conmigo, cuidándome cuando estoy enferma, enseñándome. Hay días que te veo feliz, sonreír, pero otros en los que tu cara me muestra que no lo estás. Siempre miro tu cara y trato de portarme bien para verte sonreír.
>
> Mami, eres la mujer más fuerte y luchadora que conozco. Ya tengo nueve años y cada vez veo tu cara más triste, sé que no estás bien, que algo pasa con mi papá porque pelean y discuten. Tú no me cuentas nada, pero yo te veo triste. Tengo miedo de lo que va a pasar. Nos vamos al sur y me gusta, pero nunca he vivido ahí. Dejaremos todo lo que tenemos: casa, escuela, mis primos. Me gusta la idea, aunque le tengo miedo y, a la vez, te veo tan triste acá en Santiago que creo que allá estarás mejor. Igual me da pena alejarme de mi papi. No sé qué pasará, si lo veré otra vez. Pero quiero estar contigo, en el lugar que sea.

Me siento protegida y querida por ti. Aunque me da susto, sé que estarás conmigo. Prefiero no decirlo para no agobiarte con mis cosas. Siempre estaremos juntas. ¡Te amo, mami!

Papi, soy tu hija, la más regalona. A ti te siento lejos, te veo poco, llegas a la casa cada tres o cuatro días; te extraño, pero estoy acostumbrada a verte poco. Mi mami dice que trabajas mucho y que no puedes venir más.

Cada vez te veo menos. Siento más tu ausencia con el tiempo. Llegas tarde o no estás en los días importantes, y veo a mi mami triste por eso, se le nota en su cara.

Los escucho en las noches discutir en voz bajita, pero yo despierto. Estoy alerta. Siento que algo va a pasar.

Hasta que un día decidieron separarse. Eso dolió mucho porque me enteré de todo, incluso que estabas con otra pareja. Pero, ¿sabes qué? Lo que más me dolió fue que luego de venirnos al sur, tú nos abandonaste, dejaste de vernos, de llamarnos, de ayudarnos con dinero, te olvidaste de nosotras, de mí. Ya es difícil no verte y, más aún, que no te preocuparas si estábamos bien, si teníamos para comer o para vestirme.

Pasamos momentos muy difíciles. Me faltó tu abrazo, tu protección, tu cariño.

Quiero que sepas que nunca dejé de quererte y esperar eso de ti. Pero sentí que nunca llegó cuando más lo necesité.

Alicia se sintió traicionada cuando se fue su papá y se dio cuenta de que su careta ante la desconfianza fue el control. Tenía un plan para todo, tenía todo previsto para que nada le fallara.

Al trabajar a su niñita e ir sanando esas heridas con su papá, comenzó a soltar para que la vida le fuera mostrando un gran cambio. Hace un año y medio había retomado la relación con él, pero con mucha reticencia de que se volviera a ir. Eso fue cambiando en la medida que su niña interna iba sanando sus heridas. Ella se fue abriendo.

Hoy se está preocupando por su padre y lo hace de corazón. Lo está conociendo y valora que él esté reparando su historia de padre con su hijo. Alicia se alegra al ver que es muy cariñoso y que esta vez sí ha logrado crear un verdadero lazo. Padre y nieto se quieren mucho y a ella la reconforta ver ese amor.

También se dio cuenta de que fue su mamá quien eligió quedarse sola después de haberse separado y fue feliz con eso. No obstante, Alicia se había quedado pegada en el momento de la separación. Continuó mirando a su mamá con los ojos de la niña y se quedó con esa percepción por mucho tiempo.

Hicieron muchas cosas juntas. Su madre era alegre. Disfrutó cuidando a su nieto y estando con su hija. La mamá le manda señales de «con qué ojos me estás mirando». La mirada fatalista era de la niña.

Me comenta que le hizo mucho sentido la forma en la que vamos grabando las cosas de las diferentes etapas de vida y entender porqué su niñita de nueve años seguía viendo a una mamá sufriente.

A Alicia le costó mucho entender por qué tenía que dejar a Hugo, su pareja. Lo había idealizado y ahora se daba cuenta de que él no era así.

Me relata que se apegó a esa idealización. Había días en los que se sintió sola y pensó en él, pero cayó en cuenta de que, independiente que este hombre se separara, ya no era la persona. Lo soltó porque tiene que ver cómo es como persona y era claro que no cumple lo que ella esperaba. Ahora sí puede estar sola y se siente muy bien. Ella me dice: «Si llega una persona, tiene que llegar para aportarme».

Continué trabajando con Alicia hasta que su motivo de consulta se resolvió: terminar con su pareja actual. Sintió que había logrado concretar las expectativas que tenía al comenzar la terapia.

En primer lugar, dejar de involucrarse con hombres comprometidos en otras relaciones; en segundo lugar, poder ser ella misma y no tener que adaptarse siempre a sus parejas o a las otras personas y, en tercer lugar, poder decir lo que ella quería y necesitaba. En síntesis, ser más libre.

Al analizar el caso de Alicia, puedo concluir que en la elección de pareja intervienen múltiples factores; no somos tan libres en nuestra elección como podemos creer. Esto es debido a que estamos muy condicionadas/os tanto por cómo percibimos el amor hacia nosotras/os, así como lo expresaron las personas que estaban a nuestro cuidado, en el caso de Alicia: mamá y papá.

Es importante mirar también cuan fieles hemos sido a nuestros padres o personas que estuvieron a nuestro cuidado, copiando, de manera inconsciente, sus formas de vivir el amor de pareja. En el caso de Alicia, al ser fiel a su mamá en el sufrimiento y a su papá al elegir hombres muy parecidos en sus comportamientos, hecho de los cuáles se hizo consciente en terapia. Tras hacerlo en un modo consciente, pudo trascenderlo al trabajar en ella y en su niñita interior. Ahora podía decidir cómo quería vivir el amor en sus próximas relaciones.

Gracias a ir trabajando con nuestra/a niña/o interna/o e ir reconociendo, validando y haciéndonos cargo de sus heridas, que son las heridas que se proyectan en nuestro presente, podemos ir entendiendo por qué actuamos como lo hacemos, por qué no podemos reconocer lo que nos pasa y sentir eso que sentimos ante determinadas circunstancias.

Al hacernos conscientes de estas programaciones y lograr sanar estas heridas, podemos ir tomando el control de nuestra vida e impedir que nuestro inconsciente sea quien nos dirija.

El caso de María

En este caso quiero mostrar las reacciones desproporcionadas e infantiles que podemos tener ante situaciones que no ameritan ese comportamiento. Cuando, en realidad, nos damos cuenta de que no era para tanto, nos hace sentir muy mal. Así le ocurrió a María, una mujer de sesenta años, quien trabajaba en un *call center*.

Un día, ella llegó a una sesión muy angustiada. Lo primero que dijo fue: «No aguanto más. Voy a renunciar a mi trabajo». ¿Qué pasa?, le pregunté. «Hay una compañera que me hace la vida imposible y no la aguanto más. Cree que se las sabe todas y siempre me está corrigiendo». ¿Y qué haces tú? Me seguía diciendo: «No puedo hacer nada, le digo a todo que sí, que tiene razón, que gracias y después me da una rabia que le gritaría: "y tú que te metes. ¿Qué te importa cómo hago las cosas yo? No eres mi mamá"». Esa última frase había puesto frente a ella la clave de esta mala relación laboral.

Le pedí que respirara, se relajara un poco, tomara agua y luego, cuando ya estaba más tranquila, le pregunté: «¿A quién crees que esa compañera de trabajo se podría parecer?». La invité a evocar. «María, busca en tus recuerdos y en tus sensaciones. Piensa en el tono de voz, en la mirada, en cómo levanta la mano».

Evocar consiste en relacionar aspectos que pueden ser muy sutiles. No es necesario un parecido físico, ni siquiera toda la personalidad de alguien, tan solo un aspecto.

Se quedó reflexionando unos minutos y me dijo: «A mi mamá. Así era mi mamá de exigente conmigo. Siempre me estaba corrigiendo. Parecía que nunca hacía nada bien. Le tenía mucho miedo porque era muy suelta de mano, me tiraba el pelo, las orejas y otras veces me daba un palmazo».

«Bien, María», le dije. «Ahora debes comprender que tu compañera de trabajo no es tu mamá, pero no solo debes saberlo, sino que tiene que internalizarlo tu inconsciente. Al tener fusionadas a tu mamá y a tu compañera de trabajo en tu inconsciente, es tu niñita de...». Ella completó la oración diciendo «cinco años», sin titubear.

Entonces, pasé a explicarle que, quien se cuela, quien se desliza en su relación laboral, es su madre, y por eso ya no ve a su compañera de trabajo. De esta manera, actúa como niña frente a ella.

Es esa emoción de susto que viaja al pasado, pisa tu presente y te deja con la misma emocionalidad y con las herramientas que tenía tu niñita de cinco años para reaccionar y defenderte.

«Las herramientas de esa niña son llorar, taimarse, escapar y eso es exactamente lo que tú quieres hacer ahora. Es como si ella tomara posesión de ti, y tu adulta quedara fuera de cualquier parte. La adulta tiene los instrumentos para enfrentar las situaciones de una manera adecuada, o quizás no, sin embargo, la niña no los tiene».

La expresión de María cambió. Le hizo mucho sentido lo que hablamos. Pudo ver su situación desde otro punto de vista.

Le sugerí que, al día siguiente, cuando se dirigiera a trabajar, invitara a su niñita de cinco años con ella, la llevara, de forma amorosa, de la manito y le dijera que la quería mucho, que ahora estaba ella para defenderla y que no dejaría que nadie le hiciera daño. Que le dijera «confía en mí».

María la invitó varios días con ella y pudo seguir trabajando. Ahora veía a su compañera como lo que era y no como una figura fusionada con su mamá. Al realizar esta separación en su inconsciente, pudo dimensionar de otra manera las acciones de su compañera de trabajo, fue capaz de darle las gracias, decir que ya no necesitaba que siguiera pendiente de ella y que, si la necesitaba, le iba a preguntar. En efecto, al llegar María a esta empresa, la compañera le había sido de mucha ayuda, explicándole distintas cosas relacionadas con su trabajo.

Cuándo nos enfrentamos a una persona que nos afecta de modo negativo, como le sucedió a María, hay que indagar dos cosas: la primera, si se parece a una persona significativa que haya tenido un efecto desfavorable en nuestra infancia, para lo cual ayuda mucho preguntarse «¿qué edad tengo?».

De acuerdo con la respuesta, podremos acoger y contener a ese/esa niñito/a de manera adecuada para su edad. No es lo mismo hablarle y contener a nuestro/a niño/a en edad preescolar (de tres a cinco años) que a un niño mayor (de seis a diez años).

La segunda, es preguntarse «¿qué es lo que más me molesta, me enoja o me moviliza de esa persona?». Lo más probable es que sea una característica que nos carga, que no nos gusta de nosotros/as y que la veamos proyectada en esa persona, quien nos muestra uno o varios rasgos nuestros que negamos o que tratamos de esconder, y por eso nos afecta tanto.

La historia de Leandro

Esa rabia e impotencia que notas al no poder explicar lo que sientes. Un día dije: ¡Basta! Vengo a abrir mi corazón, necesito ayuda.

Leandro

Él es un hombre de cuarentaiséis años, ingeniero eléctrico. Mide alrededor de un metro ochenta de estatura, posee una contextura gruesa y tiene la mirada de un niño en un cuerpo grande.

Llega a terapia manifestando que, de un tiempo a esta parte, está sintiendo rabia. Se percibe inestable a nivel emocional. Está sensible a la crítica, en particular, de su esposa y su madre. Le molesta que ellas le digan lo que tiene que hacer y que le llamen la atención. Dice que ya no quiere sentirse así. Necesita que el enojo y la rabia desaparezcan.

Mientras me relata lo que le sucede, mueve mucho las manos y le cuesta acomodarse en el asiento del sillón. Dice estar muy desconcertado y que le cuesta retener las cosas en su memoria. Esto todavía no ha repercutido en su trabajo, pero le molesta porque le quita energía y tiempo.

Cuando le pregunto por cuál emoción estaba más permitida en su casa, si la pena o la rabia de niño, me responde, sin titubear, que era la rabia. Es claro que es la emoción que le es más fácil expresar, y lo está haciendo. Más adelante, veremos el motivo.

Me relata que le da rabia varias situaciones, tales como: no llegar rápido a su casa por los tacos del tráfico y encontrar visitas inesperadas cuando llega a casa, aunque sean muy amigos, familia de su esposa o de él. También se molesta cuando se le cae el audífono del oído y está escuchando música, incluso, cuando algo le cuesta o no le resulta. Comenta que los demás se cuidan de él porque se le nota la rabia y la expresa tanto con gestos como con palabras.

Le pregunto qué quiere lograr con esta terapia y me dice: «No descomponerme cada vez que me dicen un comentario o si algo no me gusta». Sus palabras textuales fueron: «Vengo a meterme la mano en el corazón, sacarla y pedirte que me ayudes».

Leandro tenía siete años cuando sus padres se separaron, debido a que su papá era alcohólico. Prácticamente, no se despidió de él y nadie le explicó lo que estaba pasando. La mamá, un tiempo después, sufrió una estafa con unos cheques, motivo por el cual tuvieron que irse y cambiar de casa muchas veces. Cada dos años, más o menos, se mudaban, cambiando de casa, colegio y ciudad, por lo que, incluso, decidió en un momento no continuar haciendo amistades que luego tendría que abandonar.

Cuando tenía once años, su mamá lo dejó con una tía en una ciudad del norte de Chile. Sintió que lo abandonaba, al irse a otra ciudad cercana, mientras se instalaba con su nueva pareja.

Por el momento, iría los fines de semana a quedarse con ella. A partir de entonces, vivirían todos juntos. Nunca se entendió con la pareja de su madre, con la que creyó tener una relación de competencia. Ambos querían el amor de su mamá. Esa relación duró muchos años y terminó con el fallecimiento de este, ahora «padrastro». En definitiva, terminaron viviendo en una comuna de Santiago, la capital de Chile.

Cuando Leandro tenía catorce años, murió su padre. Las últimas veces que lo vio fue en una clínica antes de fallecer. Le impactó mucho verlo tan amarillo, ya que padecía de cirrosis hepática, una enfermedad crónica del hígado, asociada al consumo de alcohol y otros factores.

En la sesión, recordó los momentos con su papá y se dio cuenta de que en su casa casi nunca hablaba sobre él con mamá. Le vinieron a la mente muchas imágenes. Recordó que su padre era amoroso con él, le cocinaba, lo sacaba a pasear, lo iba a buscar al colegio y le invitaba una bebida, mientras él se tomaba una copita de vino. Se emocionó al rememorarlo de esa forma y no como lo hacía su mamá, con mucha rabia y decepción.

Leandro, a su edad, está en plena crisis vital, la del ciclo de la vida, que abarca desde los cuarenta hasta los cincuenta años. Es un momento de la vida en el que el piso se nos mueve, nos demos cuenta o no. Las personas entre estas edades no entienden por qué comienzan a incomodarse por situaciones que antes las vivían sin grandes dificultades. Puede ser por el trabajo, la relación de pareja, sus gustos, amistades, entre otras.

Esta crisis se asemeja, en cierta medida, a la que se padece en la adolescencia, donde la tarea es buscar la identidad propia y plantearse preguntas acerca de ¿quién soy? ¿Quién quiero ser? ¿Qué quiero hacer en mi vida?, entre muchas más. Así comienza una etapa de gran rebeldía en la que se busca quiénes somos como individuos.

En la crisis de los cuarenta, la persona se vuelve a cuestionar su identidad, quién es a esa altura de su vida. Si quiere seguir haciendo lo mismo o si quiere cambiar, por ejemplo, de trabajo, de profesión.

La persona pregunta si está contenta en su relación o si solo está por costumbre. No sabe si quiere continuar viviendo la misma vida o si necesita un cambio. Estas sensaciones ponen en tela de juicio todo lo que se ha construido o, de manera simple, reaccionar sin saber por qué.

Leandro está expresando su disconformidad por medio de la rabia. Así que, lo primero que hago es normalizarlo y explicarle el momento de su vida en el que se encuentra. Le explico en qué consiste esta crisis y que, sin saberlo, esto lo llevó a buscar ayuda.

Todo lo que le digo es una sorpresa para Leandro, como lo es para la mayoría de las personas. Tranquiliza mucho saber que estas crisis son parte de nuestro crecimiento y una gran oportunidad para generar el cambio.

Cuando indago más en su relación, me manifiesta que se encuentra estable. Llevan dieciocho años juntos y, como todo matrimonio, con altos y bajos, pero hoy en día están bastante bien. Su trabajo lo está incomodando muchísimo, en vista de que los dueños de la empresa donde trabaja, quienes son un matrimonio como de unos sesenta años, le cambian las cosas de manera constante. Los encuentra desorganizados. Cuenta que él llega al trabajo, tiene todo programado con la gente que él dirige, llega el dueño y le desarma todo. Además, la señora también está involucrada y, aunque se hace cargo de otra área de la empresa, «igual se mete».

Leandro siente que esta situación «es una locura» porque es el jefe de proyecto y se nota sobrecargado de trabajo. Por el momento, no quiere renunciar, debido a que hay cosas que le agradan, además, gana más que en su anterior trabajo y tiene mejores garantías.

Su ira se desata con múltiples situaciones. De igual forma le sucede con Susana, su esposa, quien siempre cree que tiene que hacer las cosas a su manera. Le molesta que le diga lo que tiene que hacer, al igual que la mamá.

Me relata que, la otra noche, se puso bien cabro chico. Le pregunto: «¿Y qué edad crees que tenías en ese momento?». Me responde: «Diez años. No quería ir al trabajo, y se me salieron unas lágrimas». Es como si dijera «no quiero ir al colegio, mamá».

Le pregunto: ¿a quiénes crees tú que tus jefes representan? Se queda pensativo, mirando el suelo, y responde: «El jefe a mi mamá porque es igual de exigente y la jefa a mi papá ya que es más distante en otra área».

Su trabajo está poniendo en evidencia su crisis. Ha perdido el control, debido a que se encuentra igual que a los siete años, cuando su padre se fue, y también al morir, al tener Leandro solo catorce años. Del mismo modo, identifica las mismas emociones que tenía cuando su mamá se cambiaba repetidas veces y lo llevaba como parte del embalaje sin explicarle nada.

Las preguntas que surgen en la actualidad son: ¿qué necesita controlar ahora? ¿Qué pasa en su vida hoy que se siente como paquetito? Su trabajo le está mostrando su crisis. La rabia que le surge es como la de un adolescente que no tiene el control de su vida.

Ese corazón está pidiendo salir para equilibrar la verdad con la que ha vivido porque la enterró, y su pedido al llegar a terapia fue «vengo a meterme la mano en el corazón». Toda la vida ha trabajado con una estructura, aunque en esta labor hay exigencias, pero no recursos. «El dueño está preocupado de tonteras, en vez de las cosas importantes», dice Leandro.

Precisamente el desorden constante de su vida al cambiarse, de manera permanente, de ciudad, colegio, amistades, etc. Leandro desarrolló un gran mecanismo de defensa que representaba el control, la estructura, el poder de controlar sus emociones y sus afectos. Por ejemplo, decidir no tener amigos porque era más importante ser ordenado, responsable, estudioso, ayudar a su mamá lo más posible y que nada se le moviera demasiado. La vida social no formaba parte de su esquema.

Su actual trabajo le estaba poniendo las cosas de cabeza sin cesar. Ahí estaba su aprendizaje, saber soltar y hacerse amigo de la incertidumbre que a él le había causado tanto dolor de niño sin poder expresarlo.

En terapia aprendió a nombrar a sus sentimientos, los que le embargaban en cada cambio. Cuando se fue su padre, cuando su vida se transformó y cuando él murió. Comenzó a darle voz al tan herido niño interno.

Con mucha rabia, le escribió una carta al papá, expresándole desde el fondo de su dolor: «¿Por qué no fuiste a verme estando tan cerca? ¿Cómo es posible que durante esos dos años y medio no fuiste? ¿Cómo estuviste tan alcohólico y despreocupado de mí?». Era el adolescente quien reclamaba.

Hablar del papá en su casa era un tema tabú. La mamá le decía que una de las cosas buenas de él era su carácter firme. Le alababa lo rudo y fuerte que era él porque podía decir «no», a diferencia de su padre, quien era débil, irresponsable y hacían lo que querían con él.

Leandro no podía permitirse ser débil. Según la mirada de su mamá, mostrar sus sentimientos y decir lo que le causaba pena, tristeza, impotencia, decepción. Dejar hablar a su niño interior y dejarlo llorar lo liberó bastante. Le impresionó su llanto. «No recuerdo haber llorado así», me comentó. Leandro se dio cuenta que, a través de los ojos de su niño, adolescente y joven siempre vio a su mamá fuerte, y esa actitud de ella no le permitió a él expresar su vulnerabilidad.

Me cuenta que, el fin de semana pasado, había ido a conversar con ella y le dijo muchas cosas. Leandro me dice, de forma textual: «Como que necesitaba ver mal a mi mamá, porque así también podría permitirme estar mal yo».

Hablaron de su perspectiva de crianza, siempre puesta en el trabajo. En esta conversación buscó encontrar respuestas a sus interrogantes, tales como: si ella alguna vez le había preguntado cómo se sentía con tanto cambio, qué opinaba de lo que les estaba pasando, si extrañaba a su padre. Ella le respondió que nunca se lo había preguntado, en vista de que lo veía muy bien.

Me cuenta que, antes de ir a hablar con su madre, sintió angustia. Se acordó de tomar a su niño interno y le dijo: «Confía en mí, amiguito. Ahora yo te cuido», y volvió a sentirse adulto.

Incluso, en otra oportunidad, se permitió decirle «no, porque **no quiero**», a un pedido que le hizo su mamá de última hora, como era su costumbre. Él siempre decía «sí» y quedaba con rabia.

Trabajando con su niño interior, Leandro manifestó en una sesión que se sentía menos tensionado, había bajado su nivel de estrés y podía ver todo con más calma. Conectar con su niño interior le había dado pistas de por qué andaba tan irritable.

Tomó consciencia de que los eventos que sucedieron en su trabajo le activaron estas heridas de la infancia. Apareció esa sensación de inseguridad, de estarse cambiando repetidas veces de domicilio, de no poder crear lazos seguros por el temor a perderlos y el pánico a abandonar y ser abandonado, como lo había hecho su padre.

Al ir haciéndose cargo de esas partes de él que quedaron con esas memorias de dolor, congeladas en el tiempo (que toma la figura del arquetipo del niño interno herido), comenzó a sentirlo y, a través de su niño interior, reconocerlo, aceptarlo y acogerlo. Le estaba provocando cambios muy trascendentes en el presente.

Hacer consciente lo inconsciente, que nos condiciona la vida tanto para bien como para mal, nos permite ponernos al mando de nosotros/as mismos/as con mayor libertad de elegir lo que queremos.

En una de las sesiones, Leandro me expresó que en los ojos de su niño de cinco años vio candidez, inocencia, y hoy siente que lo puede recuperar con la mirada del adulto. Hoy está buscando la felicidad en las cosas pequeñas, como dormir bien, agradecer por tener agua caliente, alimentos, opciones, el amor de su esposa, su madre, quitarle presión al trabajo, tomarse la vida con más liviandad y no tan en serio.

Está aprendiendo a mostrar su vulnerabilidad a través de las ganas de abrazar a su niño de ocho años. Le da pena, llora y le dan ganas de decirle que todo va a estar bien. Siente que su niño le evita la mirada. Es necesario sacarse esas cargas tan pesadas de hacer siempre lo correcto y rápido. Su madre, siempre acelerada, incluso un poco ansiosa, es lo que identifica Leandro.

Los comportamientos se adquieren por medio de la socialización. Él buscaba ser querido y aceptado. También se dio cuenta de que se validaba mediante la rabia, ya que este sentimiento lo usó como un gran mecanismo de defensa para sobrevivir. Ahora se va dando cuenta de que puede elegir.

Ahora tiene que permitirse los sentimientos que negaba porque lo hacían sentir vulnerable y él tenía que ser fuerte, tratar de controlar lo más posible. Leandro ocultaba la sensación de incertidumbre con la rabia. Hoy se siente bien y es consciente del hecho de no saber qué va a pasar. Lo hace sentir más permeable, pero, a la vez, le permite reflexionar y reconocer otras emociones que antes rechazaba.

Ahora, cuando se sube al auto, no se ofusca tanto, debido a que entiende que lo único que puede controlar es reconocer cómo se siente frente a lo que le pasa. A la rabia le pone «paños fríos», porque comprende el origen de su enojo. Entonces dice que «no es para tanto» y, de esta manera, logra controlarse y sentirse más feliz.

En sesión, y también fuera de ella, Leandro siguió hablándole con cariño a su niño interno, acogiéndolo y escuchando lo que quisiera decirle. Así, pudo deshacerse de esas ideas. Ahora se siente bien. Pasó una semana sin tener rabia, y no recuerda que esto le hubiera pasado antes.

El cambio consistió en reconocer sus emociones y el origen de ellas. Está más dispuesto a lidiar con su vulnerabilidad. Se da cuenta de que sus zonas sensibles son parte de él y que no le hacen daño, sino que lo completan como ser humano; por lo tanto, los brotes de rabia los puede detectar y manejar.

Está en una etapa de muchos cambios. Se está haciendo cargo de él mismo. Junto con su esposa, están construyendo el «nosotros», están teniendo una mejor comunicación al determinar la intencionalidad de los hechos y a darse los espacios para decir las cosas. Por ejemplo, ahora es capaz de decir: «No sé lo que me pasa, ayúdame». Deja de controlar las cosas que no debe controlar y acepta sus límites.

En la última sesión, Leandro me contó que renunció a su trabajo, que está con Susana (su esposa) remodelando la casa para iniciar un proyecto juntos y que tiene los recursos para hacerlo. Su esposa le dice que lo ve distinto a como estaba antes. Él está tratando de dejar la sensación de apuro para cuidarse.

Al analizar la historia de Leandro, podemos ver que la emoción de «rabia» que sentía le estaba empezando a afectar todas sus relaciones y su vida en general. Le sirvió como «brújula moral», pues apareció como respuesta a esta situación injusta que sintió en su trabajo. Esto activó en él un mecanismo de alarma que lo llevó a resolver su situación y a buscar ayuda.

Si miramos con mayor profundidad, podremos ver que, en este caso, el activador, a fin de cuentas, fue la crisis que va desde los cuarenta hasta los cincuenta. Para Leandro no era desconocida esta emoción, pero ahora lo estaba incomodando, como expliqué, con anterioridad, cuando comenté sobre esta crisis.

Leandro tomó la decisión de buscar ayuda, lo que viene a ser el primer paso de toda terapia. Luego, fue a buscar dónde se había originado esta emoción y comenzó a sanar sus heridas de la infancia. Para ello, tomó de la mano a su niño interior, quien lo condujo por el camino de reconocerse, entenderse, aceptarse y quererse. En definitiva, consiguió tomar con mayor conciencia el control de su vida, no la de los otros, y sortear las circunstancias que se le presenten.

La historia de Carmen

Del usar al abusar, poco va. Es tan poco correcto abusar de otros. La violencia nunca es la respuesta.

Avril Lavigne

Carmen es una profesora de básica de treintaitrés años. Es alta, delgada, con una mirada penetrante, como queriendo observar todo lo que le rodea. Está casada y tiene una hija de seis años.

Llega a la consulta porque se siente acosada por un colega, quien tiene un cargo superior al de ella, y no sabe cómo reaccionar, se ha quedado paralizada. Mientras me relata su motivo de consulta, se muestra inquieta, mira todo el tiempo hacia arriba como buscando una salida.

En la cuarta sesión, hicimos la inducción (la misma que realicé con Alicia) para buscar su niñita interior. A Carmen le ha costado concentrarse en un principio porque «nunca he hecho esto», me comenta a manera de disculpa. La calmo diciéndole que no pasa nada, que se tome su tiempo. De a poco, se va relajando y soltando los pensamientos que la perturban.

Al cabo de unos largos minutos, encuentra a su niñita en un sótano oscuro donde hay una ventana que no alcanza para mirar hacia fuera. Ella está sentada en el suelo, con la cabeza entre las piernas, y lleva un blanco y ajado vestido de verano. Luce como de seis siete años. Carmen está muy consternada al encontrarse con esta niñita. Dice que no puede ser ella y lo único que quiere es salir de ahí, por lo que la hago terminar con la experiencia para volver al presente.

Al abrir los ojos, se encuentra muy confundida, se queda en silencio por un momento y luego me dice: «No entiendo porque me encontré con esa niña tan triste y resignada en ese lugar tan oscuro. Le pregunto: «¿Cómo sabes que estaba triste y resignada?». Ella responde, con lentitud: «Porque en un momento ella levantó su carita y la pude ver. No creo que me haya visto. Luego, la pequeña volvió a hundir su rostro entre sus piernas. No supe qué decirle. No me atreví a acercarme. Lo único que quería era huir de ese lugar.

«Es extraño», me dice, «en mi casa nunca hubo un sótano. ¿Crees que esa niña soy yo?». «No sé», le respondí, «la única que puede tener esa respuesta eres tú». Entonces ella reflexionó: «Hay una parte de mí que sabe que soy yo y otra que me dice que no puede ser. ¿Qué razón habría para estar tan triste?». Le explico que solo ella puede averiguar la razón, pero que no hay prisa porque primero debe sentirse preparada para descubrirlo. Eso la tranquiliza.

Las emociones que se denotaron en Carmen, al ser acosada por este colega, quien detenta un cargo superior a ella, le ha activado el recuerdo de esta niñita de seis o siete años. Es muy probable que, en ese momento de su vida, la relegó fuera de sí tras sufrir, tal vez, alguna situación de abuso que no podía entender su psique, por lo que la fraccionó, quedándose solo con lo que podía digerir. Además, ella tiene una hija de seis años, a quien le está reflejando a su propia niña interior con esa gran herida.

Carmen necesita enfrentar, elaborar y sanar la herida de su niña interior, ya que hoy el acoso que está sufriendo en su trabajo le ha activado la emoción del miedo que tenía cuando era pequeña. De lo contrario, no podrá resolver su conflicto actual.

Las únicas herramientas que Carmen posee en el ahora son las de una pequeña de seis o siete años, es decir, arrancar, llorar, callarse y paralizarse. Por ese motivo, ella, al relatarme lo que le ocurre cuando se siente acosada, dice: «No entiendo por qué no pude defenderme» y se queda paralizada. Lo único que quiere es arrancar, debido a que no sabe qué hacer.

En este momento, Carmen está de vacaciones de invierno, por eso vino a terapia. Le contó a una amiga, quien es la única a la que se lo pudo decir y ella se lo sugirió. Durante una sesión, le pregunto: «¿Qué va a pasar cuando se acaben las vacaciones y tengas que volver al colegio?». Ella me responde: «Soy capaz de pedir una licencia médica por estrés». Lo dice muy angustiada. «Puede ser una salida», le respondo.

Carmen me comenta que a la persona con quien tiene el conflicto lo van a trasladar para suplir a otro profesor en la red de colegios que tienen los dueños de esos establecimientos educacionales. Esa noticia la ha tranquilizado mucho, no obstante, está dispuesta a continuar con su proceso, en vista de que esta situación le ha despertado muchas alarmas. La evocación de su niña interna la ha movilizado y ahora siente que debe hacerse cargo de ella.

Le pregunto qué estaba viviendo su niñita a esa edad. Ella no lo tiene muy claro. Carmen es la menor de tres hermanos. Dos son hombres mayores que ella, uno de trece años y el otro de dieciocho años. Sus papás trabajan mucho, ambos son profesores como ella. Su madre enseña música y su padre, matemáticas.

Carmen y su hermano de trece años asisten al colegio donde los papás trabajan. Ella cree que está en primero de básico. Y, junto con su hermano, se queda con una empleada que hace las labores de la casa cuando llegan del colegio en la tarde.

Ella es regalona del papá y, ahora que lo piensa, cree que su hermano estaba celoso de esta relación porque era muy abusador con ella. Se sorprende al usar esa palabra. A veces iba un primo y le hacían burla, se reían, le quitaban las cosas, la hacían llorar y la amenazaban si los acusaba.

De pronto, recordó que cuando lloraba, su hermano se acercaba haciendo que la abrazaba y entonces la tocaba, le recorría todo el cuerpo con las manos y la apretaba. Le dio un tiritón y le horrorizó recordarlo. «No puedo seguir», me dice, «lo tenía del todo borrado. Esa niñita del sótano soy yo, no hay duda».

Le pregunto: «¿Qué sientes al pensar en esa niñita?». Se queda en silencio unos minutos y responde: «Al principio, mucho rechazo. No quería aceptar que era yo». Se quedó pensando un poco y prosiguió,

«¿Por qué se me habrá presentado así si tenía tantos recuerdos bonitos? Ahora estoy sintiendo su pena», y comenzó a llorar en silencio.

Le sugiero que deje a su niñita llorar, a que exprese ese miedo, esa pena, y terminó llorando en sollozos con un dolor que salía de sus entrañas. Ya se estaba acercando a su pequeña. Este, sin duda, era el primer paso para rescatarla de ese lugar oscuro donde la había bloqueado y relegado.

En otra sesión, volvimos a realizar la inducción para buscar a su niñita. En esta ocasión se pudo acercar y hablarle. Le dijo que la perdonara por no haberla visto antes, pero que ya sabía que estaba ahí y nunca más la iba a dejar sola. Le explicó que ella estaba ahí para defenderla y no permitiría que nadie le hiciera daño porque la amaba. Ella era ahora «su mamá interna».

Su niñita la miró, ambas se miraron y se reconocieron. «Fue hermoso», me dijo, «entonces me acerqué más y la abracé. Al principio se encogió, pero después se soltó y me dejó abrazarla y ahí estuvimos largo rato». Después, le pregunté dónde la podía dejar, tal vez en un lugar donde se sintiera feliz y segura. Me dijo, sin dudar, «en mi corazón, jugando con su gata, quien le encantaba. La tengo que llevar conmigo». Así comenzó el camino para reparar y sanar esa herida tan profunda y dolorosa. La rescató de ese sótano. Su niñita interior ya veía la luz.

En general, cuando se vive una situación de acoso o abuso en la adultez, es porque esto ha sucedido antes en la niñez y la persona lo ha bloqueado por no tener las herramientas para enfrentar esta situación tan dolorosa, tan traumática.

Le sugerí a Carmen reeditar esta escena en la que su hermano y su primo la molestaban y luego su hermano, al abrazarla, la tocaba sin ella saber cómo reaccionar. Incluso, me dijo que no percibía si esto sucedía en verdad o se lo había imaginado, lo mismo que le ocurría con su compañero de trabajo. No estaba tan segura de si este compañero, al saludarla y acercarse a ella, al darle un beso en la mejilla, pasaba su otra mano por su espalda con suavidad o se lo imaginaba (en Chile, antes de la pandemia, se saludaba con un beso en la mejilla).

Cuando uno reedita, cambia un episodio doloroso y traumático. La persona, tras recordar, vuelve una y otra vez a ese momento doloroso. Se ve que se ha formado una red neuronal con ese recuerdo que, al visitarlo tantas veces, es como si hubiera un surco de profundidad. La idea, al cambiar la escena, es crear otra red neuronal que podamos visitar cuando recordemos ese momento doloroso o traumático. Tener una nueva alternativa por recordar nos permitirá visitar este nuevo camino y, en definitiva, ir borrando el verdadero.

En principio, es probable que, gracias al recuerdo de la escena, vendrá el mismo episodio de siempre a la mente, pero, de manera rápida, la persona puede elegir la nueva escena que ha creado y, de esta forma, hasta que quede del todo en su mente y la verdadera escena se borre por completo.

Lo interesante es que al inconsciente no le interesa si es verdad o mentira, solo le importa que tú lo creas porque, si es así, también el inconsciente lo creerá. Por lo tanto, podemos cambiar nuestra historia y construir una nueva. Este renovado recuerdo será amable, amoroso y comprensivo. Permitirá mirar el presente con optimismo y alegría. De lo contrario, seguiremos condicionadas/os por estas vivencias, creencias, percepciones y estos hábitos. Estos se instalan en nuestro inconsciente, para cambiarlos y sanarlos, trabajamos con el arquetipo del/de la niño/a interior herido/a, así podemos lograr que la mente nos deje trabajar tranquilos/as. En vista de que, todas estas palabras: niño/a, interior, herido/a; las reconoce la mente dentro de su programación.

Comenzamos la inducción para reeditar la escena de abuso de Carmen.

Carmen, ponte cómoda en el sillón y cierra los ojos. Mantén las piernas y los brazos sin cruzar para no bloquear la energía.

A Carmen le resultó muy relajado seguir la instrucción.

Ahora harás tres respiraciones profundas, inhalando por la nariz y exhalando, de una vez, por la boca. Al inhalar, respiramos amor y, al exhalar, dejamos ir todas las tensiones y preocupaciones del día.

Cuando Carmen exhalaba el aire, se notaba en su expresión corporal cómo se iba soltando.

De nuevo, vas a hacer tres respiraciones, pero ahora inhalando muy lento por la nariz. Retienes, uno, dos, tres y botamos el aire despacio por la nariz. A continuación, te voy a pedir, Carmen, que hagas como si dieras vuelta tus ojos hacia dentro con tus manos. Esos ojos que antes miraban hacia fuera, esta vez van a mirar hacia dentro de ti. Quédate ahí un momento, acostumbrándote a esa oscuridad.

Cuando ya te hayas familiarizado en este estado dentro de ti, vas a ir de nuevo al encuentro de ese recuerdo: la escena con tu hermano y tu primo, tal cual como crees que sucedió. Una vez que estés lista, me vas relatando.

Carmen me relató la escena tal como la iba recordando, igual que la primera vez que lo hizo. Es un momento muy difícil y doloroso para la persona, y si entra en un estado de mucha angustia, le pido que se aleje de la escena y la mire desde arriba, saliéndose de la situación.

En su caso, no fue necesario hacerlo. Luego de que Carmen revivió los hechos tal cual eran, con muchas emociones de rabia, pena e impotencia, le pedí que volviera a su respiración, inhalando por la nariz y botando de una sola vez el aire por la boca, ejercicio que repitió tres veces. Al soltar esas emociones perturbadoras, alivió su estado mental. Acto seguido, le pedí que respirara con normalidad, como ella lo hacía. Luego de unos minutos, volvió a focalizar su atención en la respiración, inhalando y exhalando, con lentitud, por la nariz tres veces, siempre con los ojos cerrados.

En el ritmo de su respiración, se nota que Carmen está relajada. Su respiración se ha normalizado. Con posterioridad, le dije: «Carmen, ahora vas a volver a ese momento y vas a cambiar, reeditar, la escena, igual como te hubiera gustado que sucediera».

Carmen sonrió. Se veía tranquila, relajada y, al cabo de unos minutos, comenzó su narración. Algunos días de la semana llegaba solo con Raúl (el hermano) a casa. Les esperaba una empleada, quien era la que hacía las labores del hogar, hasta que los papás llegaban del trabajo y, también, Pablo, el hermano mayor.

Tomamos once juntos y, por lo general, mi primo se sienta con nosotros. Él es de la edad de Raúl. Nos reímos mucho y nos tiramos las migas de pan. Después, ellos se paran y se van a la pieza de mi hermano a jugar videojuegos. Yo los sigo y les pido jugar con ellos un rato, y me pongo en medio de los dos.

Me siento feliz y protegida entre ellos. Luego de un rato, mi hermano me dice que ya es hora de que haga mis tareas. Me paro y me voy saltando. «¿Algo más?», le pregunto. «No», me dice. Entonces, volviendo a focalizar su atención en su respiración y en su ritmo, la hago volver al aquí y al ahora. Tras abrir los ojos, le pregunto: «¿Cómo te sientes?». Ella me comenta: «Increíble, muy bien, tranquila, como si me hubiera quitado un saco de cemento de mi espalda».

Termina la sesión y la dejo que se quede con esa nueva sensación que inunda su ser. Carmen ya tenía una nueva red neuronal y nuevas sinapsis neuronales que la ponían en otro lugar, al estar sanando esas heridas tan profundas de su niñita interior.

En verdad, es una técnica que da resultados muy sorprendentes y hay que probarla para ver lo que sucede, en vista de que muchas veces, cuando las cosas parecen tan simples, sin grandes aspavientos, se duda de sus resultados.

Invito a las personas que están leyendo este libro a que prueben esta técnica. En primer lugar, trabajen con un recuerdo de infancia que no sea tan perturbador para ustedes. Les sugiero iniciar el ejercicio con la inducción para ir en busca de sus niños/as interiores, antes de reeditar una escena perturbadora.

Nuestro/a niño/a interior está esperando por nosotros/as, y es nuestra responsabilidad. Como su madre o padre interior o como su versión adulta, es importante hacernos responsables de su cuidado, dejarlos/as que se expresen con sinceridad, permitirles que sean espontáneos/as y, sobre todo, cuidar de ellos/as.

Carmen terminó la terapia al cumplir las expectativas que se propuso. En una de las últimas sesiones, me comentó que había visto a este compañero de trabajo por el cual se sintió acosada, y si bien no se acercó, porque fue su elección, pudo saludarlo de lejos sin que el estómago se le apretara de nervios. Incluso, había mejorado la relación con su hermano Raúl y podía compartir con él de forma más natural. Antes, no había entendido porqué sentía por él cierta reticencia.

Como vemos al analizar el caso de Carmen, su disparador fueron las sensaciones corporales, las emociones y la reacción que le generó este colega con su actitud. Su activador fue el reflejo de su hija de seis años y, a su vez, ese recuerdo oculto y bloqueado de abuso cuando era una niña de seis años.

En los casos de abuso, sea de la gravedad que sea, lo que percibe la víctima, y en este caso, Carmen, no es lo correcto. Quien percibe lo correcto es quien agrede. Entonces, «esto que hago y a ti te molesta es cariño, un juego». Ahí, las víctimas comienzan a desconfiar de sí mismas y a perder mucho poder, lo que les dificulta su actuar en diversas cosas en el mundo.

Ellas necesitan confiar en sí mismas. No solo se trata de confiar en términos de lo que se conoce como autoestima, sino de confiar en lo que ven y en lo que sienten. En el caso de las víctimas, es como si no pudieran creer lo que perciben.

Por ese motivo, es fundamental recuperar la confianza y ese poder para volver a creer en uno/una mismo/a, como le sucedió a Carmen, al sanar esas heridas de la infancia junto con su niña interior.

Hola, soy Lorenzo

Los abusos son todos compadres de otros y viven de la protección que mutuamente se prestan.

Ruy Barboza

En este caso, Lorenzo contará su historia desde su perspectiva. Conocer de primera mano la experiencia de una terapia nos permite empatizar con mayor profundidad y escuchar los procesos tal como se han vivido.

Tengo treinta y un años, una estatura media, contextura delgada, ojos de color verde, nariz aguileña y diría que me siento cómodo con mi físico, no así con mis emociones. Llegué a terapia porque una amiga me recomendó a Angélica, mi terapeuta, y me siento contento. He realizado un proceso complejo, doloroso y, a la vez, muy liberador.

Les cuento que tenía problemas con mi pareja, con la que tengo once años de relación. Nos conocimos en la universidad, cuando tenía veintiún años y ella veintitrés, aproximadamente. Llevamos siete años viviendo juntos y tenemos una hija de tres años, quien me tiene loquito de cariño. Ser papá de «la Almendra» es lo mejor que me ha pasado en la vida.

Sentía que los problemas con mi pareja tenían que ver más conmigo. Trabajo en el área de Marketing de una empresa muy grande y empecé a tener una relación muy cercana con una compañera de labores, aunque no tan clara, solo miradas, coqueteos, conversaciones extensas, tomaditas de mano, algunos besos por ahí, con mucha complicidad.

Esta situación me gustaba, no obstante, también me incomodaba. Sentía que faltaba a la verdad, engañando a Rocío, mi pareja. Ella es muy violenta, de modo verbal, sobre todo cuando se siente traicionada. Tenía mucho temor de que me dejara si le contaba, a pesar de que, desde que nació Almendra, sus reacciones han sido más mesuradas y dialogamos demasiado las cosas; como papás funcionamos muy bien.

No soy capaz de darme cuenta de que cometo un error hasta que lo hago, y cuando lo hago, no es con malas intenciones, debido a que siempre pienso que puedo ayudar. Soy de los que recogerían perritos en la calle. Me pasa con mis compañeros en el trabajo. Creo que abusan conmigo porque, aunque me pidan muchas cosas, me cuesta decirles que «no». Después, quedo enojado.

Del mismo modo, me pasa que minimizo las cosas para no generar problemas, tiendo a evitar los conflictos y digo que sí, para luego sentirme sobrecargado. Me doy cuenta de que esto también me pasa con mis amistades, quienes no son muchas, y con mis padres. Incluso, una vez le pedí al médico que no me diera licencia médica para no generar problemas en mi trabajo.

En esencia, quiero mantener mi relación de pareja. Le respondí a mi terapeuta cuando me preguntó qué expectativas tenía con esta terapia, qué quería lograr. Soy consciente de que es importante aprender a tener relaciones sanas con mi entorno, decir lo que me pasa sin miedo a las reacciones de las personas, mejorar mi autoestima y aprender a gestionar mi autocuidado. Eso le respondí a Angélica.

Me fui dando cuenta, en terapia, de que era autodestructivo, que tenía problemas no resueltos con mis padres y que era muy autoexigente.

Había realizado otras terapias, pero en esta fui descubriendo estas heridas de mi niño interno y muchos aspectos de mi personalidad. Por primera vez, me interesé en preguntarle a mi madre a qué edad había quedado esperándome, si fui deseado, cómo era de bebé (guagua), de niño, qué enfermedades había tenido. Tenía sed de saber de mí como niño, de mí de guagua, de feto. Era una locura, una sana, que me abría a espacios que jamás hubiera imaginado, que existían dentro de mí y que, encima, me controlaban.

Cuando nací, mi mamá tenía veintidós años. Ella se casó a los veinte con mi papá. Ambos me quisieron tener y fui un embarazo de término y parto normal, como le llaman al parto vaginal. El trabajo de parto comenzó un viernes y terminó un domingo en la tarde. Medí 52 cm y pesé 4 kg. Nunca le di importancia a este relato, pero me hizo pensar que, al parecer, no tenía tantas ganas de nacer y que me demoré mucho en hacerlo.

Este hecho me hizo conectar y entender porque me llevaba tanto tiempo para realizar cambios y tomar decisiones importantes. Mi terapeuta me explicó que nacer es nuestro primer proyecto y sentido de vida. Por eso, es importante indagar todo sobre nuestro nacimiento, porque tiene mucho que ver con nuestra manera de enfrentar la vida, y lo estaba comprobando.

Me enteré de que me demoré en andar, en hablar. Aprendí a montar en bicicleta a los doce años y mi hermano, quien había nacido cuando yo tenía seis, aprendió a los tres años. Necesitaba y necesito mi tiempo. Ya lo estoy aceptando y, por ende, aceptándome.

Mi mamá también me contó que era tranquilo como una foto. No he cambiado mucho y sigo siendo muy mamón con ella. Tuve amigdalitis, frecuentes cólicos, peste cristal y sufrí demasiado cuando me salieron los dientes. Así me aseguraba la atención de mamá, ya que era tan tranquilo. De esa manera son los bebés, hacen de todo con tal de que les pesquen. Sigo haciendo lo mismo, aunque de otra forma, como estar siempre dispuesto a ayudar a los demás para que me tomen en cuenta, aunque quede agotado y enojado por hacerlo. De a poco, me voy entendiendo y aceptando. Creo que es el primer paso para cambiar algunas conductas.

La primera vez que mi terapeuta me llevó a buscar a mi niño interior, no vi ni recordé nada, aunque tuve la sensación de percibirlo en un pozo muy profundo y, además, me negué a seguir indagando. Entonces me pidió que registrara qué sensaciones sentía en mi cuerpo. Percibía el estómago apretado y mi cuerpo, en general, estaba muy tenso.

Entonces, me hizo *tapping*, una herramienta, como me explicó, que libera bloqueos emocionales, y quedé más relajado. Solté la emoción de miedo que me producía la tensión. Me preguntaba, ¿miedo a qué? Era mi niño interno, quien se había manifestado con esa emoción. Ya sabría, más adelante, en otras incursiones, de qué se trataba.

«¿Cuánto se parece Rocío a tu mamá o en qué es muy diferente?», me preguntó mi terapeuta en otra de las sesiones. Me quedé pensando un poco, para luego responder que se parece en la forma de lograr las cosas y que tiene metas grandes, no tan inmediatas. Luego, agregué que mi mamá es una autoridad más dialogante y Rocío trata de hacerlo. Mi madre es más tradicional, más machista en su forma de crianza y llevar la casa. Nosotros somos más colaboradores y nos dividimos las tareas. Una vez, tuve que poner límites a mis papás; diciéndoles que, si les gustaba, bien, porque así se hacían las cosas en mi casa. Fue difícil, pero pude hacerlo y se sintió muy bien.

Lorenzo, al ir tomando y fortaleciendo a su niño interno, le daba la fuerza para no dejarse tratar mal, ya que su mamá tenía un carácter muy fuerte y el papá era muy terco y llevado a sus ideas con él. Pero, con su mamá, «agachaba el moño» y se adaptaba a su modo de ser.

Él se daba cuenta de que, por no tener problemas, hacía lo mismo con Rocío: se adaptaba. En realidad, había elegido a una mujer bien parecida a su mamá. Su compañera de trabajo, con la que se había entusiasmado, no obstante, era diferente.

Le gustó porque la encontró intelectual, cariñosa, atenta y lo sabía escuchar. Ahora entendía de dónde se había enganchado y, aunque eso ya se había terminado, era importante que entendiera el origen de esa situación.

Recordó que, cuando tenía seis años y nació su hermano, su mamá tenía que ir a la clínica para verlo, porque fue prematuro, y dejaba a Lorenzo en casa de la abuela, quien tenía un gallinero. Un primo más grande, de unos catorce años, lo llevaba a verlas, lo hacía sentarse encima de él en un banco y se restregaba. «Es un juego», le decía. A veces, lo hacía bajándose los pantalones, le llevaba dulces, le decía que era un secreto entre los dos y que no le dijera a nadie. Lorenzo no recuerda bien cuántas veces lo hizo.

Tener ese recuerdo es lo peor que me ha pasado, fue tremendo. El mundo comenzó a girar a mi alrededor, y por eso mi niño interno estaba en ese pozo cuando por fin logré encontrarlo. Lloré a sollozos como un pequeño. Por primera vez, ese niño pudo llorar, le pude dar voz para contar ese secreto tan siniestro, ponerle palabras, expresar el miedo, el asco y la humillación.

Al principio, no podía aceptar esa parte mía que había bloqueado y tirado al fondo de ese pozo para olvidar esa traumática experiencia. A mi niño lo sentía sucio, lo veía grande, incluso, con cierto gusto en su cara, culpable de hacer eso tan cochino. Lo volvía a tirar al pozo una y otra vez, pero, aunque lo había, creía yo, sacado de mi historia, su huella me seguía a donde quiera que fuera.

De adolescente, joven y adulto, siempre me sentía en falta con todos y con todo. Como si tuviera que dar muchas explicaciones para que me creyeran. Sentía culpa por todo y trataba siempre de agradar. Me autocastigaba de manera permanente, como si fuera una mentira. No era el adolescente, joven, adulto que veían y creían que era. No sabía por qué pensaba que era un fraude, como si mi interior dijera «no le crean. No es lo que ustedes creen». Era muy desolador tener estos pensamientos, no poder compartirlos con nadie y no entender de dónde venían.

El gran trabajo de mi terapeuta fue que yo pudiera ir devolviéndole la inocencia a ese niño que, como ella me decía, me la arrebató mi primo. Entender que si ese niño sentía placer en ese acto de restregarse, era porque sentía una sensación rica como cuando se comía un helado, ya que a esa edad las hormonas sexuales están en latencia, por lo que no le daba una connotación sexual. Era muy diferente a la situación de mi primo de catorce años, quien ya tenía las hormonas sexuales en pleno funcionamiento.

También me hizo ver que, a medida que fui creciendo, le fui poniendo todas esas etiquetas de culpa, suciedad, placer por concebir que esta experiencia lo había convertido en algo pecaminoso. Entonces, lo hundía cada vez más y, sin saber, yo también me hundía con él.

Así pues, a modo de tarea, comencé a observar cómo eran los niños de seis años y, de verdad, eran muy inocentes, pequeños de edad, juguetones, traviesos, curiosos, peleadores, llevados de sus ideas, ingeniosos y divertidos. Así mismo era mi niño interior. Fui reconociéndolo y, poco a poco, le devolví sus cualidades de niño, me di cuenta que lo había percibido casi como aún preadolescente.

De ahí en adelante, empecé a mantener una relación de amigos con ese niño interno, quien era yo de pequeño, y a devolverle su inocencia, su alegría, su confianza y su seguridad. Le enseñé a decir «no». Entendía a cuáles situaciones me exponía al tener esa autoimagen. Comprendí mi tendencia a la autodestrucción.

Ha sido un proceso lento, pero muy sanador. Al trabajar este trauma, mi terapeuta me dijo, en una de las sesiones, que lo más probable era que este primo también hubiera abusado de otros primos, más o menos de esas edades, y que también este abusador había sido, a la vez, abusado. Esto era como una cadena que yo ahora podía cortar, tras averiguar si les había ocurrido a otros niños de la familia. Era necesario partir desde ahí.

Así que, cual detective, me di a esa tarea bastante difícil. Cuando yo nací, a los dos meses nació un hijo de la hermana de mi mamá, quien era muy mañoso. Mi mamá se sentía orgullosa de que yo fuera tan tranquilo «como una foto», tal como lo dije con anterioridad.

Bueno, ese primo era como mi hermano, así que fue el primero que abordé. Cuál fue mi sorpresa cuando él, después de dar muchas vueltas, me reveló que había vivido lo mismo. A él le sucedía cuando su mamá lo dejaba en casa de mi abuela por algunas horas. Ya éramos dos.

Casi me convertí en su terapeuta al mostrarle la inocencia de ese niño interior, porque había hecho lo mismo que yo: sacarlo de su historia y tirarlo lejos. Buscamos a otro primo, quien era un año menor que nosotros, y no nos sorprendimos tanto cuando nos contó que con él hacía lo mismo. Los otros primos eran casi de la misma edad, o más grandes, que el abusador; así lo empezamos a llamar.

A esas alturas, Joaquín tenía treinta y un años, Martín treinta y el abusador treinta y ocho. ¿Qué haríamos? Lo encaramos y, en efecto, él había sido abusado a los ocho años por un tío, quien ya había fallecido. Nos pidió perdón, lloramos todos juntos y fue como una catarsis. Todos habíamos sido víctimas, todos creíamos que nos habían arrebatado nuestra inocencia de niños y nos habíamos castigado de diferentes formas, más o menos, destructivas.

Comprendimos que nadie te puede arrebatar tu inocencia, por muy dura y traumática que haya sido la experiencia, a la que uno va ensuciando con la culpa. Este acontecimiento fue muy importante para mí.

Sanar a mi niño interno del pasado significó cambiar mis conductas en el presente. Comencé a sentirme más seguro, a recuperar la confianza en mí, a darme mi lugar, a entender que no necesitaba agradarle a todo el mundo y que todo el mundo no tenía que agradarme, a decir «no me gusta» y «no quiero» sin culpa. Aunque a ella, la culpa, la sigo trabajando, pero ya es otra cosa. Soy capaz de reconocerla, mirarla de frente, cuestionarla y ver si es real o me estoy echando encima algunas ajenas. Me siento más liviano, más auténtico, ya no me digo que no le crean a mi niño interno, porque sé que él no miente y yo tampoco. Cada vez voy sabiendo más quién soy y me ha empezado a gustar.

Llegué a terapia pensando que yo era el problema y, por supuesto, era así. No sabía cómo enfrentarlo. En las sesiones, descubrí que debía encontrarme con mis dolores más profundos para comenzar a sanar.

Trabajé también los temas no resueltos con mis padres y hoy tengo una mejor relación con ellos. Ya no les paso tanto la cuenta, de forma inconsciente, de lo que no me dieron, o de lo que sentí que no me reconocieron, vieron o rechazaron. Al reconocer, aceptar, sanar y querer a mi niño interno, he podido tomar mi vida con mayor responsabilidad y no culparlos siempre por situaciones de vida que me van ocurriendo.

Del mismo modo, he podido mirar sus niños internos, aunque no sepan que los tienen y cuan cargadas están las mochilas inconscientes. Entiendo qué es lo que cargan. Los quiero mucho y comprendo que han hecho lo mejor que han podido, como yo estoy tratando de hacer lo mejor con la Almendra, mi hermosa hija.

En el caso de Lorenzo, vemos cómo ese abuso, oculto a sus ojos pero no a su ser, le fue mostrando sus huellas en cada etapa de su vida. Lo fue condicionando en su manera de percibirse y en todos sus ámbitos: familiar, laboral, relacional. Hasta que logró verlo, reconocerse, aceptarse; volver a quererse; recuperar su poder, su confianza y su autoestima. Todo esto a través del trabajo con su niño interior.

Muchas veces, en los casos de abuso sexual en edades tempranas de la infancia, el encuentro con sus niñas/os interiores es muy complejo. Las personas los ven más grandes de lo que en realidad son, sienten demasiada vergüenza y culpa, las/los rechazan, como vimos en Carmen y en Lorenzo.

Aún es más difícil si profesan alguna religión y les suma las cargas que están asociadas al pecado. Las/los ven sucias/os, creen que pueden haber hecho algo que provocó la situación. Hay que ir realizando un trabajo conjunto. Es necesario devolverles la inocencia a sus niñas/os interiores y comprender que se la arrebataron los adultos o personas que estaban a su cuidado.

En mi vasta experiencia, puedo decir que se logra reparar, en gran medida, estos traumas tan profundos, lo que les permite a las personas reconstruir su autoestima y comenzar a darse el lugar que les corresponde, debido a que, en su adultez, si no han reparado este trauma, seguirán recreando el abuso en otros ámbitos de sus vidas. Sienten situaciones abusivas en el trabajo y no se sienten respetadas/os. Arrastran para siempre esta sensación de culpa y vergüenza inconsciente.

Las vivencias primales que están relacionadas con este ámbito experiencial, comprenden toda vivencia o grupo de vivencias infantiles originales que nos hayan afectado, de manera directa, dolorosa, traumática y significativa.

Es el período comprendido entre los inicios de nuestra vida prenatal y el transcurso de los primeros doce años de nuestra historia posnatal, como límites aproximados.

Cualquier experiencia posterior a esta etapa puede ser entendida como el revivir o la reactuación *(acting-out)* de alguna vivencia primal, bien sea en una situación terapéutica o bien en el curso de las relaciones interpersonales en las cuales vivimos insertos/as.

Las cinco heridas primales de la infancia

Se han estudiado cinco heridas primordiales que se presentan en los periodos mencionados en el párrafo anterior. Cada herida primal va creando una máscara como método de protección.

Las máscaras nos permiten actuar como si fuésemos capaces de cualquier cosa y nos protegen de lo que creemos que puede dañarnos. Es decir, ellas son mecanismos de defensa inconscientes que intentan poner a salvo nuestro verdadero «Yo» cuando este puede estar en peligro.

Estas cinco heridas primales son:

1. Abandono: máscara a la dependencia, miedo a la soledad.
2. Rechazo: máscara de la huida, miedo al pánico (de cuatro a siete años).
3. Traición: máscara controladora, miedo a la vulnerabilidad (de dos a cuatro años. Edipo).
4. Humillación: máscara masoquista, miedo a la libertad (de uno a tres años).
5. Injusticia: máscara de la rigidez, miedo a la frialdad (de tres a cinco años).

Puedes ir al Anexo 1, donde expongo las cinco heridas de la infancia de Lise Borbeau. Estas heridas se dan en todas las personas, en mayor o menor medida. Hay una o dos por las cuales se siente una mayor identificación, las cuales se transformaron en un trauma que hay que sanar para trascenderlas y para que no interfieran en la vida presente.

¿Qué pasa al encontrarnos con nuestros/as niños/as interiores?

A los ojos de la/del niña/o interior no podemos ocultar nuestras máscaras, exigencias, apegos y heridas.

- La persona y su niña/o interior son un solo corazón, como en el caso de Alicia, quien se sintió unida a su niñita al encontrarla.

- La persona que quiere proteger a su niño/a, como en el caso de Leandro, quien sintió el deseo de proteger a su niño.
- La persona que siente indiferencia hacia su niña/o interior, sabiendo de su existencia, no siente ninguna simpatía ni responsabilidad alguna de cuidarla/o.
- La persona que ahoga a su niña/o interior se da cuenta de esa parte de sí misma/o y quiere acallarla, como en el caso de Carmen, quien negó su existencia en ese primer encuentro.
- La persona que no se siente digna de presentarse frente a su niña/o herida/o.

A lo largo del tiempo, la relación con nuestra/o niña/o interior puede cambiar y pasar por diferentes etapas, tales como las vimos en las historias descritas por Alicia, Leandro, Carmen y Alonso.

Lo que, en realidad, no varía es la integridad, la inocencia y el amor de nuestro/a niño/a interior. Encontrarnos con esas partes nuestras es una oportunidad de reconocer nuestros temores, tristezas, críticas, rechazos y heridas emocionales que quedaron en nuestro interior en la niñez temprana, así como se evidenció en los casos mostrados con anterioridad.

Te invito a descubrir, reconciliarte y liberar a tu niña/o niño interior para que puedas tomar libre y conscientemente las riendas de tu vida.

Termino este capítulo con una carta textual de una de mis consultantes hacia su niña interior.

Chiquita mía, tan indefensa y enfrentada a la vida

Tu mirada es translúcida, abierta a recibir lo que te den quienes te cuidan y te quieren. Entregada estás a la atención de los otros que velan y te protegen, hasta que tengas la autonomía suficiente para hacerte cargo de tu vida. De otros depende tu bienestar, integridad y felicidad.

Hoy te observo con estos (mis) ojos que te miran como dos cuencos profundos.

De niña, tu mirada recorrió muchos caminos, trepando, a veces, como una chinita por la muralla de la pieza donde permanecían tus congojas sin respuesta.

Muchas veces te vi llorar, afligida, sin que el consuelo de los adultos llegara a tiempo para protegerte de una realidad que no era la tuya y que no cabía dentro de tu cabecita de niña. Nadie te explicó por qué tu papá salió de tu vida tan de repente, aunque igual poco lo veías. Entonces, tu mirada se vistió de un halo de tristeza, que se instaló para quedarse junto con tu ropa por un buen tiempo.

Hoy, más de medio siglo me distancia de esta foto que contemplo con ternura y un dejo de tristeza al comprobar lo mucho que sufriste de niña.

Te quiero decir que nunca más estarás sola. Hoy te llevo sobre mis hombros. Me han crecido alas para levantarte y protegerte. Nunca más volverás a sentir el desamparo que de pequeña te arropó frente a tantos temores.

Hoy, yo me hago cargo de tu vida. Tus vacilaciones y dudas de niña son mías y yo las resuelvo con la mujer que llevo dentro. Cuando sientas pena, te acunaré en mis brazos y te daré el consuelo que necesitas. Cuando sientas temor, estaré yo a tu lado para abrazarte e infundirte la certeza de cómo seguir adelante. Soy la voz sonora de tu conciencia, aquella que rauda te acompaña en todos tus caminos, unos más complejos, pero nunca más sola.

Te quiero decir que, aunque tu vida ha sido solitaria, hoy estás acompañada, te llevo de la mano conmigo, protegiéndote donde quiera que vayas. Soy una estrella blanca que avanza protegiéndote por los caminos que aún te faltan recorrer en tu vida. Seguiré a tu lado hasta que el último halo salga de tus labios y luego asciendas a las alturas, donde te estarán esperando aquellos que partieron antes que tú para unirse contigo en un abrazo fraterno y celestial de amor y cariño. Entonces, tal vez comprendas porqué te dejaron tan sola acá abajo.

Capítulo 3

El asombro del primer encuentro con nuestras/os niñas/os interiores

Qué ganamos con navegar hasta la Luna, si no somos capaces de cruzar el abismo que nos separa de nosotros mismos.

Thomas Merton

En este capítulo, he seleccionado tres encuentros de mis consultantes con sus niños/as interiores. El objetivo es observar las diferentes situaciones en las cuales podemos encontrarlos/as.

Del mismo modo, mostrarles lo significativo de este encuentro en el proceso de descubrir nuestras heridas y comenzar a entender algunos de nuestros comportamientos. A la vez, lo sencillo que es realizarlo.

El relato de Cecilia

Cecilia es profesora de Educación Media y tiene veintiocho años. Nos cuenta cómo vivió la primera vez que la acompañé a buscar a su niña interior y su experiencia.

Ella se ve andando en triciclo, dando vueltas en el patio de su casa, en un pueblo donde vivían cuando tenía tres o cuatro años. La percibe asustada de caerse. Anda en triciclo porque hay perros. Su niña interior no la mira, está como taimada, mirando enojada hacia abajo.

Está molesta con la mamá, debido a que unos niños le dijeron que fuera a buscar a su papá al correo y que su mamá les había dicho. Ella fue caminando y el papá no estaba. Era mentira que su mamá había dicho eso. Los niños se estaban riendo de ella.

Al volver a casa, su mamá estaba muy asustada. Le pegó con mucha rabia porque se había arrancado, según ella. La pequeña no le pudo explicar a su madre lo que había pasado. Su niñita se siente triste, con miedo, tiene frío, está como recién bañada.

En el recuerdo que está teniendo, ve a su niñita interna, a quien su mamá castigó, con mucha pena. Cecilia se arrodilla junto a su cama y le empieza a hacer cariño. Ella se deja, tiene el pelo mojado y está sollozando. Cecilia le pudo hablar y siente que su niñita la escuchó.

Dejó de llorar, la pudo abrazar y se acostó con ella. Se queda ahí, haciéndole cariño. Le dice que la quiere mucho, que nunca más la va a abandonar, que la perdone por no haberla encontrado antes. Que ahora está ella para defenderla, y no va a permitir que nadie le haga daño. Que confíe en ella.

Recuerda que, cuando estaban de vacaciones en la casa de la abuelita paterna, se sentía feliz y percibe que ahí puede dejar a su niñita. Se queda en silencio y piensa: «No, mejor la dejo con mi mamá». «No», dice de nuevo, no encuentra un lugar seguro para dejarla. Volvió a la cama, donde la estaba cuidando, y decide que la va a dejar durmiendo abrazada a su muñeca.

Sentirse sola, asustada, de forma injusta maltratada, de pequeña le causó un gran dolor a Cecilia. Poderse acoger, abrazar, acariciar y dejarse durmiendo abrazada a su muñeca en el lugar que se sentía segura, le produjo un gran alivio y alegría.

Cecilia reflexiona y dice: «Sola, fue su lugar seguro, por eso está sola» (la adulta que es hoy) porque está en su lugar seguro. Si está con otro, no se siente tan seguro.

Volver a confiar, esa es la clave. Ella puede volver a hacerlo, tomar las riendas de su vida, sin necesidad de controlarlo todo. Permitirse este pensamiento le proporciona esperanza.

Está en sus manos cambiarlo, a medida que vaya trabajando con su niñita interna, esta le ha despertado mucha ternura y deseos de darle amor, seguridad y todo lo que ella necesitó y no tuvo.

Cecilia está comenzando a acercar sus partes heridas, mirarlas y aceptarlas con compasión, es decir, con empatía y comprensión, tal como hemos visto en su reflexión final en este primer encuentro con su niñita interna.

El relato de Pamela

Pamela tiene treinta y dos años y es antropóloga. En su primer encuentro con su niñita interna, la visualiza de dos formas: en una, la ve en un túnel de luz, está de espaldas al fondo con un pijama largo, tiene entre cinco y seis años; y en la otra, la observa en una foto de ocho años, con su cabello corto, le faltan los dientes y se está riendo.

Siente que es humillante que le falten los dientes y se esté riendo. Le cortaban el cabello como un varón y le cargaba. La niñita del túnel está con su cabello suelto, con un pijama rosado y no recuerda haberlo tenido, aunque casi toda su ropa era rosada cuando niña. Su pijama es muy lindo, como antiguo, con manguita corta.

Pamela percibe a su niñita como ausente. Cree que sabe que la está mirando, pero no se da vuelta. Está tratando de acercarse, la pudo tocar, aunque está fría y no se da vuelta. Le hace cariño en el pelo, eso le gusta. De pronto dice que todo se iluminó y no puede verla, la imagen va y vuelve. En definitiva, la recupera y se acerca, le hace una trenza, la acaricia y la siente contenta.

Pamela le dice que crea en ella. Ahí se dio vuelta un poquito y le pudo ver la carita. Siente que por primera vez la escucha y reacciona. Ahora la ve de ocho años. Es como si creciera delante de ella. Esta vez, la ve de doce años. Es la altura la que la hace sentir que es más grande, la encuentra más fuerte, sin embargo, ahora es más difícil hablarle.

Ahora su niñita la rechaza, la siente fría, como que no le cree cuando le dice que crea en ella y que la va a esperar todo lo que sea necesario. Las palabras que evoca a sus doce años son: frialdad, ausencia, indiferencia y bloqueo.

Se da cuenta de que, en la actualidad, limita mucho a las personas, las tiene a raya. Cada vez que se siente vulnerable, se desarma y tiene la sensación de que la gente se aprovecha de la vulnerabilidad del otro, por lo que no se puede permitir ser vulnerable. Ahora está entendiendo de dónde viene este comportamiento de tener que mostrarse fuerte, segura y controladora de que todo salga bien.

Continuó trabajando con su niñita interna y empezó a sanar las heridas de su infancia, acogiéndola y liberándola. Pamela dice que le ha dado la opción, en el presente, de volver a jugar y expresarse. Tiene la sensación de que su niñita está jugando y pasándola bien.

Antes, creía que lo que hacía no era lo bastante bueno porque corría todo el tiempo. Ahora se dice: «Tengo todo el tiempo para esperarte. Le ha dado espacio a la Pamela adulta, quien siente más confianza».

> No puedes controlar todo lo que pasa,
> pero puedes elegir que eso no te debilite.

Pamela, al ir entiendo el origen de su inseguridad, pudo ver que esta necesidad de control podía deberse a una baja autoestima. Por no tener control sobre sí misma, proyectaba su vida en los otros, volviéndose dominante y controladora.

Causas de una personalidad controladora

Así es, hay que buscar el origen de la inseguridad para dejar de controlar. Las causas pueden ser, quizás, por una crianza demasiado controladora, un amor posesivo que termina asfixiando o unos padres negligentes a nivel emocional.

Detrás de la personalidad controladora, suele esconderse el miedo a la incertidumbre. La persona busca la seguridad a través de las normas y el control, no acepta de buen modo los cambios, sobre todo los de la vida. Más bien, le generan ansiedad e intenta mitigarla controlando todo a su alrededor. De esta manera, tiene una ilusoria sensación de control que le reporta una calma y tranquilidad momentánea.

En terapia, las/los consultantes, quienes temían cuando niñas/os que por cualquier motivo podía venir la reprimenda o el castigo, terminaron siendo niñas/os temerosas/os, aprendieron a mentir por miedo al error y empezaron a hacer muy analistas, por lo que puede salir mal por miedo al castigo. Estos/Estas niños/as viven generando en sus cabezas escenarios catastróficos. En esta infancia les ocurrió algo amenazante que sobrepasó su emocionalidad y recibieron el mensaje de que el mundo es hostil. De ahí, el mecanismo de defensa viene a través de las reglas, las normas y el control, ya que la incertidumbre les provoca mucho miedo.

En el presente, su adulta interpreta cualquier mirada o acto en contra de ella, tal como si fuese un ataque personal. Tiene que seguir sanando a su niñita porque sabe que sufrió muchas descalificaciones, humillaciones e indiferencias a sus necesidades. Debe hacer sentir a su niñita que es merecedora de amor, abrazarse a través de ella y maternarse.

El relato de Laura

Laura tiene cuarenta años y es publicista. En su primera vez que va al encuentro de su niñita interna, la ve en el dormitorio jugando sola, calladita, con la puerta cerrada, tratando de entretenerse. Tiene entre tres y cuatro años, con un vestido sin manga y el cabello tomado (cree que la nana la peinó y vistió). La siente sola, como queriendo compartir con alguien que pueda aparecer, ávida de contacto. Se encuentra cerca de la ventana, tiene una terraza y su pieza está frente a la de su mamá.

La siente triste porque necesita que alguien aparezca y se interese en ella. Está sentada en la alfombra con bastantes juguetes. Laura entra a la pieza, donde está su niñita, la mira, se acerca y le pregunta qué está haciendo. Su niñita le cuenta, se sienta con ella en la alfombra, la abraza, se deja, se entrega fácil y le dice: «Nunca más vas a estar sola. Te voy a proteger, te voy a cuidar y voy a permitir que te quieras y valores. Se ve tan indefensa. Laura llora. Cree que se siente bien, segura, feliz de que alguien la mire, que va a poder caminar sonriente, confiada, va a sentir la compañía detrás de ella.

Se quedan juntas y abrazadas las dos. Su niñita le pide que venga todos los días a verla en la noche para quedarse con ella. Laura le dice: «Yo soy tu mamá interna ahora y voy a estar siempre contigo. Vas a sentir como si una fuerza te acompaña y te da fortaleza. Hacia mí tienes que dirigir tu mirada ahora. Yo te voy a proteger y no voy a permitir que nadie te trate mal porque siempre voy a estar a tu lado y nunca te voy a abandonar. Voy a crecer contigo».

Su niñita interior la escucha y se queda quieta. Le gusta, escucha un poco incrédula y piensa cómo lo voy a hacer si tengo dos mamás. «Yo soy tu mamá ahora, debido a que antes no podía protegerte, aunque hoy sí puedo hacerlo para que tú crezcas conmigo y me busques a mí con la mirada y el pensamiento. Tienes que sentirme como parte de ti, como yo te siento parte de mí». Siente que se tranquiliza con lo que le dice.

A su niñita le gustaba estar en el jardín de sus abuelos. La lleva frente al parrón y ahí se sentía feliz. Mientras hablaba sola, decía: «Te dejo aquí, en este lugar que te gusta tanto porque te siento segura y contenta. Cualquier cosa que necesites, voy a venir a ayudarte y a estar contigo». Le da un beso y su niñita la mira con una mirada incrédula. Laura (adulta) llora a sollozos porque fueron muchas veces en las que ella confió y le pasaron tantas cosas. Le va a pedir a la abuela que salga para que se quede con ella, así que va, la abraza y la acompaña.

Su niñita le pide que vuelva y le pregunta que cuándo va a volver. Laura le dice que va a volver cuando esté en su camita para ayudarla a conciliar el sueño y que le va a leer un cuento. La besa. «Te espero», le dice y se queda feliz.

Reflexiona sobre cómo traspasar la brecha que hay entre ella y su niña interior.

Cree que, si no hubiera habido otras personas que la apoyaron, como su abuela, hubiera caído en las drogas y en el alcohol desde su adolescencia. Siempre pensó que su madre se alegraba si le iba mal. En el presente, su adulta interpreta cualquier mirada o acto en contra de ella, es como un ataque personal.

Esta niña nunca expresó sus emociones. Ahora está comenzando a hacerlo, a darle voz, a que hable sin miedo, a darle amor, confianza y comprensión. ¡Qué bien se siente hacerlo, qué aliviador!

La pequeña siempre le quiso creer a su mamá, incluso de adulta, y también siguió esperando que la mirara. Se da cuenta de que esto también le ha pasado con amistades, con las que espera cosas que no pasan y la decepcionan, al igual que con su mamá.

Qué importante es entenderse para comenzar a liberarse de la culpa, al igual que con los demás. El/la niño/a interior juega un rol central de enojo y conflicto con otras personas.

Debemos recordar que, si la otra persona ha activado algo doloroso para nosotros/as, este dolor es tuyo, te pertenece, no es de la otra persona. No es alguien más quien te lastima, sino la falta de amor hacia nosotros/as mismos/as lo que nos lastima. En vista de que, primero, creamos los sentimientos de miedo, vergüenza, culpa, odio, victimización, soledad, dolor y, segundo, los reprimimos.

Si no nos hacemos cargo de estas energías, se vuelven cargas muy pesadas para nosotras/os y las personas que tienen energías similares por dentro, saben qué decir y hacer con exactitud para tocar o activar esos botones y hacernos explotar.

El sentimiento está esperando ser visto, aceptado y amado.

El/la niño/a interior tiene mucho poder sobre nosotros/as. Cuando éramos pequeños/as, este/a niño/a tuvo que manejar todas las cosas que pensabas que tenías que lidiar. Esto significa que vieron sufrir a sus padres o que ellos sufrieron de abusos, humillaciones, descalificaciones, incomprensión, soledad y muchos otros sentimientos y situaciones dolorosas.

Por consiguiente, el/la niño/a interior ha hecho una gran cantidad de trabajo, lo creas o no, pero puedes ver en tu presión de cumplir o en tu auto juicio que sigue vivo/a en ti. Este/Esta niño/a interior desea que lo/la visites y comiences a tener sentimientos hacia él/ella.

Esto lo hemos podido observar en los casos presentados en los relatos de los cuatro consultantes del Capítulo 2 y en los de este Capítulo 3, acerca del primer encuentro con sus niños/as interiores.

Patrones de nuestros padres o curadores antes de la pubertad

Buscamos las características de nuestras figuras objetales (padres o cuidadores) al principio de la vida. Es entonces cuando adquirimos la base de los patrones que usaremos para afrontar nuestra vida y discernir. Serán los lentes con los que escogeremos a nuestros/as compañeros/as de vida, dónde vivir, la forma de pensar sobre nuestro cuerpo, cuando nuestro cuerpo enferma, la forma que escojamos para sanarlo, etc.

Todo vendrá determinado por esos lentes provenientes de esos patrones tan tempranos de los que ni siquiera somos conscientes. Si no aprendimos a sanar los patrones que adquirimos de niño/a, es muy posible que persistan en nuestra vida adulta, de modos adultos. Somos persistentes si algo no resulta y seguimos haciéndolo una y otra vez, de diferentes formas, pero los principios son los mismos y nos volvemos expertos en hacer esas cosas.

A veces, son patrones manipuladores, aunque de manera más adulta, debido a que, en nuestra infancia, funcionaron. De adultos intentamos conseguir las mismas cosas y, a veces, ya no funcionan. Si tus padres o cuidadores te dicen «no es posible», entre uno y diez años eso te producirá frustración. Hay que resignificar estos procesos utilizando diferentes herramientas y técnicas para sanar a nuestros/as niños/as interiores. Puede ser muy sorprendente lo rápido que esos patrones pueden suscitar cambios cuando de verdad nos conectamos con nuestro inconsciente.

La invitación es la de hacer el proceso y preguntarte: «¿Qué carga emocional llevas contigo? ¿Cómo se manifiesta esa carga en las personas que encuentras en tu vida? Realiza este proceso para liberar esa carga y verás que comienzan a cambiar las personas que llegan a tu vida. No tendrá sentido volver a conectar.

Nuestra genética y nuestros comportamientos están conformados por la mente consciente y la mente inconsciente. Podemos cambiar los programas inconscientes y reeditarlos de forma positiva para que el inconsciente cree un nuevo programa. Tu libertad es cambiar tu mente porque eres una persona muy poderosa.

De la historia negativa al programa positivo

Cuando reeditamos o cambiamos un recuerdo doloroso que ha marcado nuestra vida, lo primero es revivirlo tal cual fue. Es un momento difícil para el/la consultante, pero necesario de realizar para transformar la escena.

Luego, se regresa a ese recuerdo con la plena libertad de hacer todos los cambios que la persona estime conveniente para convertirlo en un momento positivo y cambiar esa programación. Es importante hacer las conversiones que eres capaz de creer, ya que tu inconsciente te dice: «Si tú lo crees, yo también lo creo».

La mente inconsciente solo graba, no cuestiona, no reflexiona, no analiza; en vista de que esto lo hace la mente consciente.

Cuando reeditamos la historia, creamos en nuestro cerebro una nueva red neuronal, un nuevo camino para transitar cada vez que visitamos ese recuerdo, y en la medida que más lo transitemos, el otro camino se va borrando de a poco hasta que desaparece De esta manera, nos quedamos con este recuerdo positivo que nos hace cambiar nuestro comportamiento en el presente.

A continuación, les mostraré algunos momentos de mis consultantes en sesión, en los que reeditan o cambian las heridas o traumas del alma.

El relato de Cristina

Cristina tiene cincuenta años y es fonoaudióloga.

Ella recuerda que estaba jugando en la casa de unas primas. Tenía nueve, casi diez años, y dentro del juego trató de hacerle caballito a una prima, subiéndola a su espalda. Al levantarse, su prima cayó y se pegó muy fuerte en la cara.

El papá la retó tanto y la miró con mucha rabia por haber hecho eso que ella se sintió mal. La siguió retando delante de todos, mientras su prima lloraba por el golpe.

Nadie le dijo la razón por la que su papá fue tan agresivo, tan malo y la hizo sentir tan pequeña. Eso lo tiene muy vivo en su memoria. Por mucho tiempo se sintió muy mal. Pensó que ella era mala y que había hecho algo indebido. Creía que le había hecho un daño muy grande a su prima, se sintió totalmente inmovilizada y no había podido hacer nada para evitarlo. Ha tratado muchas veces de entender a su papá desde su versión más adulta.

Reedición o cambio de la escena del recuerdo doloroso o traumático a uno positivo

Se ve con su prima jugando al caballito, la tiene en su espalda, se siente segura y están ambas contentas. Después, se sienta y ella se baja de su espalda y siguen corriendo. Hay dos personas más: su hermana y otra prima, quienes también juegan al caballito y hacen competencia, corriendo de un lado hacia el otro.

Están felices, se sienten fuertes, seguras y corren sin miedo. Terminan de jugar al caballito, Cristina se sienta para que su prima se baje y siguen jugando. El papá llega, las ve corriendo y les dice: «A tomar once», y se contenta al verlas jugar. Entran todas para lavarse las manos y se sientan en la mesa.

Termina la escena sentada al lado de su prima en la mesa, comiendo muchas cosas ricas. Se siente muy contenta.

Cuando estaba volviendo de la experiencia, trataba de recordar la escena real y no podía. Se acordó mucho de su tono de voz, hablaba muy agudo, le costaba modular bien, tal como esa niña y había palabras que le costaba decir.

Por primera vez, siente que se está conociendo, que ha sido un camino intenso. «Saber quién es una es hermoso», me dice. Creía que en muchas cosas era como su papá, porque así le decían: rabiosa y con mal genio. Está dejando que se expanda su verdadera esencia y las creencias se van derrumbando. Es un proceso doloroso, aunque maravilloso.

El relato de Rafael

Rafael, de treinta y ocho años, es asistente dental.

«Lo único que veo es que no me veo a mí, sino la puerta blanca». Ve a su primo bajito de porte, gordito, pero sabe que está con él, que le gustaba jugar al enfermero. Su primo tiene catorce años y el ocho. No ve cómo hacen el juego. La sensación que le llega es de una imagen muy rara de no entender.

Le llega la escena de cuando su primo cierra la puerta, le duele la cabeza y tiene ganas de ir al baño. «Es una sensación rara abajo», dice. Tiene la sensación de susto constante y de no entender. Las veces que conversa el tema, le viene su cara de susto en una imagen rápida.

Reedición o cambio de la escena del recuerdo doloroso o traumático a uno positivo

El primo lo invita a jugar. Dejan la puerta abierta y van con sus autos porque había traído su autopista. Juegan a las carreras. Él tiene el auto azul y su primo el auto verde. Ve a su primo riendo. Él está de espaldas, tratando de observar su cara, y se ve tranquilo.

Aparece la mamá en la puerta y le dice que se van. Él se despide muy contento de su primo. La mamá está con una falda larga oscura y ve que lo toma de la mano y se van de la pieza.

Supone que se llevó su autopista. Están saliendo del pasillo, lo tiene tomado de la mano y él la mira hacia arriba. Le da la sensación de que su mamá es muy grande y él muy chico. En la sala de estar, están sus tíos. La mamá habla con su hermano y él sigue al lado de ella. Sus tíos lo abrazan y se despiden.

Rafael comenta que, al principio, cuando trataba de enfocar, le costó un poco. Después de eso, empezó a sentir una sensación extraña. Pudo cambiar la escena y fue cortito, así que no hubo mucha interacción con su primo. Se siente como si se hubiera fumado un pito, muy raro «no yo» dice, pero a la vez con una sensación de alivio.

Ahora, tanto Cristina como Rafael han creado un nuevo recuerdo positivo. Cuando revivan esa escena dolorosa, que les ha causado tanta rabia, impotencia y confusión, tendrán esta nueva carretera neuronal para transitar e ir borrando, en la medida que la transiten, el doloroso recuerdo anterior.

Ten presente que tu mente inconsciente te dice: «Si tú lo crees, yo también lo creo. Por ese motivo, tiene que ser creíble para ustedes el cambio de escena.

Capítulo 4

Hábitos para conectar con tu niño/a interior

Entérate de lo que eres, y sé lo que eres.

Píndaro

Estos hábitos son formas sencillas que te van a ayudar a ir al encuentro y trabajar con esas partes desplazadas que no han crecido y se han quedado rezagadas por falta de amor y comprensión.

Esas partes desplazadas están representadas en tu niño/a interior, quien es el elemento vulnerable que todos/as llevamos dentro desde la infancia. Ellas provocan que reaccionemos de forma infantil y no como adultos. Se mantienen guardadas bajo muchas llaves y se pueden destapar en momentos de estrés.

1. La inducción para ir al encuentro de tu niña/o interior las veces que quieras. (sugiero que la grabes para que, después, la realices escuchándote).

Inducción:

- Ponte lo más cómoda/o en el sillón, con brazos y piernas sin cruzar, y cierra los ojos.
- Ahora, vas a hacer tres inspiraciones profundas por la nariz, inflando el estómago, sin subir los hombros y exhalando el aire de una vez por la boca (esto se hace para relajar la mente de los pensamientos que puedan estar interfiriendo).
- Entonces, vas a realizar una inspiración lenta y profunda por la nariz, reteniéndola tres segundos, y botas el aire, de manera lenta, por la nariz. Lo repites una vez más y continúas respirando a tu ritmo por la nariz, siempre con los ojos cerrados.

- A continuación, vas a quedar como si dieras vuelta tus ojos hacia dentro con tus manos. Estos ojos que siempre miran hacia fuera, ahora van a mirar hacia dentro de ti. De a poco, se van a ir acostumbrando a la oscuridad y vas a ir a buscar a tu niñita/o, quien puede estar en cualquier lugar: en el patio jugando, escondida/o debajo de la cama en su pieza, detrás de la puerta, viendo televisión, en el colegio o en cualquier parte.
- Si la/lo encuentras, puedes grabar lo que vas descubriendo o, más adelante, escribirlo.

2. Debes reeditar el momento doloroso o traumático para crear una nueva red neuronal a transitar cada vez que vuelvas a ese recuerdo. Es importante que, antes de cambiar el recuerdo, tienes que revivirlo como fue en realidad y luego volver a hacerlo como te hubiera gustado que fuera.

Tu inconsciente te dice: «Si tú lo crees, yo también lo creo», por lo que el cambio tiene que ser creíble para ti.

3. Es necesario dedicarte el tiempo para realizar las cosas que de niño/a te gustaban, como por ejemplo: pintar, bailar, disfrazarte, escuchar música, tocar algún instrumento, comer helado, chocolate, etc., o aquello que te hacía sentir feliz e invitar a tu niño/a interior a compartir contigo.

4. Deja que tu niña/o se exprese de forma libre, escribiéndole una carta a papá, a mamá o a las personas que estuvieron a tu cuidado, sacando siempre las rabias, las penas, la ausencia (si la hubo) y todo aquello que te dolió tanto y lo viviste sola/o sin compartirlo con nadie.

5. Haz preguntas a tu niña/o interna/o, escribiendo con tu mano dominante (derecha o izquierda). Cuando sientas que te responde, escríbela con la otra mano, la no dominante. Déjate fluir con la respuesta que puede manifestarse en un dibujo, en un rayado, porque puede tomar cualquier forma.

6. Escribir las creencias, etiquetas y hábitos que tu niña/o interior fue interiorizando, de acuerdo con lo que fue percibiendo de la forma en la que sus cuidadores/as estaban lidiando con tu vida y con la de ellos/as. Por ejemplo, si tuviste padres que siempre creyeron en ti, si a tu papá o a tu mamá le gustaba ir a trabajar, si intentaron que sus vidas fueran lo más positiva posibles, si vivieron su vocación, si te dijeron varias veces en qué eras bueno y que había de novedoso en ti.

Si fue así, tu cerebro ganó muchas conexiones para tu vida. Sin embargo, la mayoría tuvo padres que le dijeron «no puedes hacerlo, tienes que ser más cuidadosa/o, así no se hace, eres tonta/o, eres una/un floja/o, si quieres tener éxito, tienes que trabajar mucho, y tienes que estudiar mucho, si quieres tener un buen trabajo», etc.

Según como tus cuidadores se expresaban y manifestaban el amor, se pueden grabar creencias, tales como: «El amor es indiferencia, el amor es maltrato, el amor es ser sumisa/o, el amor es adaptarse a lo que los otros quieren, el amor es ser cariñoso/a, comprensivo/a, contenedor/a», etc.

Si entendimos el amor de forma cariñosa, contenedora y comprensiva; si nos escucharon, aceptaron y valorizaron, vamos a encontrar parejas que están en esa sintonía. Si no, hasta que no cambiemos nuestras creencias, se van a seguir manifestando los mismos personajes que representan cómo entendimos que era la manifestación del amor.

Este aprendizaje queda grabado en nuestro inconsciente y este condicionamiento es el que va a tomar el mando, aunque después hayamos ido entendiendo que el amor se da y se expresa de otra manera.

De esta forma, tu cerebro grabó muchas conexiones negativas para que hoy tengas la posibilidad de cambiar al hacer consciente lo inconsciente y tomar el control de tu vida.

Para eso, es necesario que cada uno/a de ustedes vaya descubriendo las creencias que instalaron en la infancia en su fábrica de significados y que les está limitando y saboteando su vida presente.

Se demuestran en: no puedo tener amor, no puedo tener dinero, tampoco salud o felicidad. No soy importante. Eso no es para mí. Si no hubo amor antes, no puedo tener amor ahora, no puedo ser amada/o. Puedo encontrar el amor, pero no puedo conservarlo. No tengo padres porque soy adoptada/o. ¿Cómo puedo tener amor si no soy bonita/o, no soy lista/o?, etc.

De verdad, es como si instaláramos una fábrica en nuestras edades tempranas, en especial desde cero a siete u ocho años, y fuéramos poniendo todos los significados que vamos percibiendo e interpretando.

Por su repetición, transformamos esos pensamientos en creencias y los grabamos en nuestro inconsciente, por lo que condicionarán nuestra vida en el futuro. En vista de que, una vez que creas una creencia, «tu creencia te crea a ti».

Las creencias son reacciones a los pensamientos, aunque no los actualizamos. Cuidado con las creencias porque sales al mundo con ellas y el universo se ajusta a ti. Tú tienes que cautivarte, enamorarte de ti.

Lo que vives está dentro de ti. El punto es que no nos hemos sentido y, cuando nos sentimos sin poder, nos causa enojo debido a que nadie quiere sentirse atado, sin libertad en esta vida.

Alguien toca el botón que no es el de nuestras expectativas, lo esperado, y nos deslizamos hacia el/la niño/a interior, hacia la conducta infantil, y nos comportamos como él/ella.

7. Cuando nos afecta lo que dice o hace una persona, ese sentimiento ha estado un largo tiempo en nosotras/os, porque pueden ser transformados y la energía borrada.

Sabemos esto gracias a la física, donde la energía solo se puede transformar en otra vibración. Tenemos baja vibración con emociones de culpa, vergüenza y miedo, debido a que son vibraciones muy bajas que se sienten muy pesadas. Del mismo modo, tenemos energías vibrantes, como la alegría y el amor, con las que nos sentimos livianos.

Es importante saber que los sentimientos que las otras personas disparan, siempre han estado en uno/a. El sentimiento está esperando ser visto, aceptado y amado, ya que, primero, creamos los de miedo, vergüenza, culpa, odio, victimización, soledad, dolor y, luego, los reprimimos.

Es de suma importancia tomarse el tiempo en la vida diaria, cada vez que surge un sentimiento negativo, para no hablar desde un lugar de enojo, debido a que, desde ahí, decimos cosas de las cuales después nos arrepentimos e, incluso, nos pueden inducir a tener que pedir disculpas en los próximos días.

Es por lo que debemos aprender a parar, con la finalidad de salir de la perspectiva infantil. Hay que preguntarse qué edad tengo, acogerse, escucharse y recobrar la conciencia adulta.

Nos sentimos desesperados, sin poder, pero podemos hacer algo. No eres la víctima de tus sentimientos de miedo, culpa, vergüenza; no son nuestros enemigos, sino que quieren lo mismo que un bebé, es decir, que abras tu corazón, que cierres tus ojos, que te sientas y les digas: «Miedo mío puedes ser» (y es el mismo que tenía tu niña/o interior) y sentir ese miedo. Si tú eres mi miedo, es porque yo te he creado y tú me perdonarás en su momento.

Siente ese miedo apretado en tu garganta, en tu corazón. El enojo te endurece, pone duro tu estómago. Todos los sentimientos tienen sus lugares favoritos en el cuerpo, cuanto menos se muevan desde esos lugares hacia fuera, menos fluyen, y esto afecta el cuerpo físico, gracias a que se vuelven somáticos muchos movimientos del cuerpo con presión alta, migrañas, hernias de disco, etc. Muchos de estos síntomas surgieron desde los «debería», «debo» y «no debo» de la infancia.

Este cuerpo refleja lo que creemos en nuestra mente, depende de lo que piensas y de tu conciencia. Para cambiar tu vida, necesitas tiempo libre para reflexionar, para mirar hacia dentro, porque tu cuerpo sutil es tu mundo interno y nadie más que tú es el responsable del orden, del fluir de la energía, de tu salud.

Despierta, mira lo que has creado, cuáles son tus pensamientos y cámbialos. Tu corazón quiere amor, pero desde niño/a has estado aplicando capas y capas, tales como el miedo, la tristeza, el enojo, la culpa, la vergüenza antes de llegar al corazón. Todo el amor por ti mismo y estas energías están esperando que les abras el corazón.

Toma tu gran mochila llena de los sentimientos y otros disparadores que en ti son las sensaciones que has tenido desde pequeño/pequeña. Deja a un lado ese «no debo, no debería» y solo sé un/una niño/a otra vez.

Los/las niños/as pequeños/as se lastiman y lloran por un minuto y, minutos después, están saltando, jugando y han olvidado todo. Entran y salen, entran y salen, están en el fluir de los sentimientos. Estas emociones quieren ser amorosas, confirmadas, transformadas y sentidas.

Carta a tu niña/o interior

Mi amada/o niña/o interna/o.
A partir de ahora, te reconozco.
A partir de ahora, te protejo.
A partir de ahora, te cuido.
A partir de ahora, escucho tus demandas.
A partir de ahora, tengo en cuenta tus necesidades.
A partir de ahora, ya no estarás sola/o.
Confía en mí.
Te amo incondicionalmente.

Cómo transformar los sentimientos negativos en alegría

Toma una decisión consciente. La puedes escribir, por ejemplo: «A partir de ahora, decido tomar la voz de mi corazón y escucharla».

El corazón te dice, a cada momento: «Esto se siente bien, esto no se siente bien. Elijo seguir las voces de mi corazón y lo que mi corazón desee. Decido tener amor en todas mis creaciones y mis sentimientos (esto incluye al/a la niño/a interior). Es transformador».

Solo cuando tomas decisiones, el universo puede alinearse con tus decisiones y apoyarte. Del mismo modo, al no querer tomar decisiones, es decir, «quiero perseverar en mi enojo, no quiero seguir, no se puede estar en paz con esto».

Desde la infancia, hemos limitado este amor. La palabra «No» crea bloqueos de energía. Hay que comenzar a liberarse y aprender a fluir con la vida liberando primero que todo a nuestra niña o niño interior.

Ahora, sabemos que nuestro inconsciente está programado desde los siete años, como niños/as grabando conductas, mirando a otras personas, por lo tanto, tus deseos y anhelos vinieron de mirar y observar a tus padres, hermanos/as, tu comunidad, que reflejan no lo que quieres en realidad, sino lo que has aprendido de otras personas.

Los programas de tu mente inconsciente son limitantes, desempoderantes y saboteadores. El 95 % de tus conductas vienen de esas programaciones inconscientes que sabotean tu vida desde ahí y el 5 % restante viene de tus deseos y anhelos, por lo que te mueves hacia lo que quieres de tu mente consciente.

Cuando estás pensando, la mente consciente deja de prestar atención a lo que está sucediendo, porque pensar es un trabajo interno.

Si te pregunto, ¿qué harás la semana que viene? Tu respuesta está dentro, no fuera. Cuando la mente consciente está pensando, toda la consciencia está siendo guiada por un piloto automático que es inconsciente; y cuando el inconsciente está usando sus programas, tú no te das cuenta, porque tu mente está pensando.

La vida que llevemos viene del inconsciente, y no vemos ese comportamiento hasta que tenemos el resultado, por ejemplo: no encuentro el trabajo que quería, no encuentro el amor, todos los hombres que conozco son iguales, etc. Es tu propia conducta que te sabotea.

Cada niño/a es programado/a desde que nace hasta sus siete años. Esa es la conducta que hemos observado en otras personas. Yo le llamo secuestro emocional, porque no tenemos ninguna posibilidad de escapar a esa grabación de nuestro inconsciente.

Para dejar de usar programas negativos, debemos empezar a crear desde nuestra mente consciente (5 %), crear nuestra vida al 95 % y crearnos el cielo en la tierra. Tenemos que destapar ese inconsciente y hacer consciente lo inconsciente, por doloroso que sea.

Empezar a sanar a través del arquetipo de la/del niña/o interna/o herida/o que todos llevamos dentro, lo sepamos o no. Este inconsciente condiciona nuestra vida mediante sus programaciones, hábitos, conductas y percepciones de la realidad que interpretó.

De esta forma, dejaremos de ser víctimas del programa. Tu mente consciente vive en el presente y te da poder sobre la creación, la alegría y el amor. Cuando volvemos a pensar, regresamos a la programación, la cual toma el control y es negativa.

¿De dónde viene esa programación inconsciente?

Afrontamos la vida por lo aprendido en el pasado, aunque no siempre sabemos cuándo lo aprendimos. Los científicos han descubierto que esa programación tiene que ver con las frecuencias de las ondas cerebrales de nuestro cerebro.

Hasta los tres años, nuestras ondas cerebrales están en Delta y Teta. Delta es un estado de sueño profundo muy inconsciente, con meditación profunda entre despierto y dormido, y estados chamánicos. El puente con el inconsciente es el estado Teta, que está entre uno y los tres años, donde nos encontramos en un trance hipnagógico (referido al estado semiconsciente que precede, de inmediato, al sueño).

Cuando estamos en esos estados, nuestra mente es como una esponja: no hay filtros, no hay discernimiento. La naturaleza nos ha programado así para que podamos descubrir nuestro mundo y, a partir de ahí, aprender a manejarnos, así que absorbemos todo: los patrones lingüísticos, las palabras, las emociones detrás de las palabras, la forma en que nuestros padres o cuidadores/as afrontan sus vidas en los momentos buenos y malos. Si procedemos de un ambiente familiar bueno, es fantástico.

Desde los tres hasta los siete años seguimos absorbiendo y empezamos a expandirnos al estado Alfa, donde se da esa introspección personal, a soñar despiertos, con imágenes visuales y un estado muy relajado. Podemos decir que hasta los siete años somos una esponja que absorbe el mundo.

Los textos de los jesuitas relatan que, cuando viajaban para reclutar a los niños, iban a los hogares familiares y decían «vamos a llevarnos a tu hijo», y los padres preguntaban «¿volveremos a verlo alguna vez?». Su respuesta era «cuando cumpla siete años, si quieren, podrán regresar», pero ellos no querían.

Se les adoctrinaba con un tipo de pensamiento que se convertía en un patrón inconsciente. La vida solo tiene sentido para ellos cuando viven ese patrón. En nuestra época, tenemos jóvenes condicionados para creer que la violencia y la guerra es algo bueno. Después de adultos, es el único modelo que tiene sentido para ellos, donde hacen lo mismo.

Si nuestros padres o cuidadores/as aprendieron de sus padres maneras saludables de hacer las cosas, eso será una bendición porque ahora es nuestra programación inconsciente. Si nos han condicionado para responder con ira, violencia, con gritos, mucha frustración y enfado en lo que nos va bien en la vida, cargamos con eso. Del mismo modo, la baja autoestima es algo muy común en las familias disfuncionales y con alcoholismo.

¿Qué nos hace creer que lo que dice otra persona tiene poder sobre nosotros? Aunque no sea cierto. ¿Qué aprendiste de vuestros/as padres o cuidadores/as antes de cumplir los siete años? ¿Qué aprendiste, tanto positivo como negativo, o ambas cosas?

¿Qué papel juega tu aprendizaje en la forma habitual de abordar la vida con amistades, relaciones, pareja, intimidad, dinero y respeto por tu cuerpo? ¿Qué papel juega en tu vida lo que aprendiste hace tantos años? Si es que juega alguno.

¿Cómo actúo ante el conflicto, la crítica, el rechazo y mis reacciones emocionales?

No queremos profundizar porqué hay dolor, pero sí que tenemos muchas resistencias, toda esta coraza, y no queremos interiorizar, por eso es más fácil ir de compras, ver una película, etc., para engañarnos de nuestras propias inquietudes.

Esto es para las personas que no quieren o no pueden mirar porque hay una separación, un susto o una situación muy dolorosa. No es saltar hacia el interior, sino que hay que ir con cuidado, debido a que existen mecanismos que defienden a la persona de entrar a estas situaciones dolorosas. En nuestro interior hay mucho dolor, condicionamiento de cómo de niños/as percibimos, interpretamos e interiorizamos la realidad.

Hay miedo de sentir, al dolor, pero esta sensación de ir sanando te permite trascender esos miedos, y tu historia te va mostrando tu grandeza espiritual. Todas las percepciones que nos asustan de niña/o, nos muestran cómo nuestros miedos de la ansiedad nos condicionan. Al conocerlos, nos permiten abrirnos a estas barreras de ansiedad, de miedo, de angustia, de aferrarse, y uno se abre a la comprensión más grande del amor, el sentir de la vida. En vista de que hemos venido con un propósito: el de conocernos.

La versión de mi pasado habita en mi presente cada vez que muestro mi vulnerabilidad y miedo. Entonces, cambio mi punto vibratorio y mi línea de tiempo atemporal y me enfoco. Hay que entrar en la energía de gratitud y meditar con visualización de cómo me quiero sentir.

Capítulo 5

Los beneficios del trabajo con mi niño/a interior

Me expreso, me construyo autosuficiente y autónomo.
Vivo y soy feliz.

A esta pregunta le voy a dar respuesta siendo la voz de mis consultantes, y mía propia, por haber trabajado con mi niña interior, y seguir haciéndolo día tras día en el presente.

- Comienza a fluir más con la vida y a no ponerle tanta resistencia al liberar a tu niño/a interior de sus cargas y sentimientos. Toma tu mochila de los «no debo, debería y no puedo». Nuestro/a niño/a interior es figura clave en esto, ya que es alegre, juguetón/ona, espontáneo/a, divertido/a y todavía está fluyendo en ti en el presente. Dile, sin miedo, «sí» a la vida.
- Comportarnos como adultos/as cuando alguien toca el botón de lo que no esperamos, lo que no nos gusta, o cuando una persona nos afecta con lo que dice o hace. Cuando nuestras expectativas no se cumplen, nos deslizamos hacia la conducta infantil y nos comportamos como niños/as. Haber transformado esos sentimientos, esas emociones de culpa, de vergüenza, de miedo, de celos, de dolor que estuvieron largo tiempo en nuestro inconsciente esperando ser vistos, aceptados y amados.
- Aprende a decir «no» en el momento indicado, cuando alguien espera algo de ti y no se siente bien en tu corazón, y no es motivo de alegría. Nos permite aprender eso hoy, ya que, como niña/o, no se nos permitía muchas veces decir «no estoy de acuerdo, no me gusta, lo veo diferente, no lo quiero» a papá, a mamá o a nuestros/

as cuidadores/as. Necesitábamos la atención, el reconocimiento y la energía de las otras personas que tenían poder sobre nosotros/as, con las que siempre, o casi siempre, teníamos que decir «Sí».

- Tomar nuestras decisiones como adultos/as y no actuar como niños/as esperando que otras personas lo hagan por nosotros/as, bien sea en el trabajo, en la familia o con amistades. No echarle la culpa al otro por nuestra insatisfacción.
- Reconciliarse con los padres, tener una relación más honesta y amorosa al no tener cuentas pendientes de la infancia con ellos. Honrarlos, amarlos y tomar sus vidas haciéndose cargo con responsabilidad, sin darse vuelta a cada paso diciendo desde el inconsciente: «No me dieron, no me reconocieron, me rechazaron», etc.
- Aceptar tu vulnerabilidad te completa como humano, en vista de que no tienes nada que sostener al negarla, por lo que te hace más fuerte.
- Mejora la relación con tus hijos al salirte de la víctima cada vez que ellos tienen comportamientos que te afectan. Los entiendes y les muestras el camino desde otra perspectiva, a la vez que les enseñas a reconocer y a elaborar sus emociones.
- Mejora la relación con tu pareja, al no esperar que él/ella llene las carencias que quedaron de tu infancia, porque tú has aprendido a reconocerlas, a abrazarlas y a sanarlas. También te da una mirada más comprensiva por reconocer al niño/a de tu pareja, actuar con más calma y no tan a la defensiva.
- Reconocer cuando el/la niño/a interior se cuela en una situación que nos afecta en el presente y gestiónala como adulto/a.
- Nos permite estar atentas/os a las emociones que hay detrás de las situaciones que nos afectan, reconocerlas, aceptarlas y decidir mirar de otra manera más saludable.

Durante mucho tiempo, nuestros niños/as interiores han permanecido ocultos/as a nuestros ojos de adultos/as, como hemos podido apreciar, tanto con mi historia como con las de mis consultantes que les he mostrado. Y este libro ha tenido el objetivo de trazarles una guía para su encuentro, su reconocimiento y su reparación con ellos/as.

Comprender primero qué es el/la niño/a interior herido/a, cómo crear en nuestro interior las condiciones necesarias para iniciar o reiniciar el encuentro con estas partes nuestras, determinar el origen de las propias heridas emocionales y sus consecuencias.

Identificar y resolver algunos de los innumerables cabos sueltos de la niñez, sanar al/a la niño/a herido/a interior, así como reconocer sus necesidades y satisfacerlas, al igual que sus intereses. Reencauzar o canalizar asuntos pendientes del pasado que podrían estar afectándonos en nuestra vida presente.

Crear lazos de amor y amistad con nuestros/as niños/as interiores, lo que nos permite confiarnos, comprometernos y entregarnos a relaciones sanas, aprender a usar nuestro/a adulto/a como nueva fuente de potencia, al darnos seguridad, protección y afecto.

Descubrir a nuestro/a niño/a interior nos permite realizar un trabajo introspectivo que nos acerca a la raíz de los daños emocionales sufridos en la infancia para comenzar a reconciliarnos con nuestra propia historia, reconociendo cuáles son nuestros verdaderos deseos, conectándonos con nuestros sentimientos y la intuición, con la finalidad de alcanzar un estado de armonía y felicidad.

La intención es convertir a ese/esa niño/a interior en una fuente de alegría y energía para la vida cotidiana.

Es importante para mí, al terminar mi escritura, puntualizarles que esta herramienta de autoconocimiento y sanación, que les he mostrado en este libro, es un trabajo que no termina.

Fue tanto lo que quedó grabado en nuestro inconsciente, en especial, hasta los siete años, que esta herramienta nos sirve para identificar y sanar nuestros bloqueos, resistencias, miedos y creencias ante situaciones y personas que nos activen como un verdadero disparador las emociones que conecten con nuestro dolor o trauma y que se nos presente en el aquí y en el ahora.

De hecho, cuando estaba en la etapa de corrección de mi libro, me vino un bloqueo tremendo. Incluso, mi cuerpo, de manera amorosa, me ayudó a expresarlo con un lumbago y una alergia, con la que se me hinchó el labio superior y apareció un prurito inaguantable.

¿Qué me estaban mostrando estas manifestaciones de mi cuerpo?

Primero, observé qué zona se estaba inmovilizando con el lumbago, y eran mis caderas, junto con la zona de mi espalda baja, que es la que nos impulsa a avanzar.

Esto me mostraba una contrariedad entre lo que quería, que era terminar y publicar mi libro, y el miedo a mostrarme, a lo nuevo, a lo desconocido.

Entonces, me pregunté: «¿En qué otro momento de mi vida había tenido una contrariedad que me inmovilizara? Y me dije: «¿Qué edad tengo?».

La respuesta fue instantánea: cuatro años. ¿Qué estaba pasando a los cuatro años en mi vida?

Nos estábamos cambiando de una ciudad pequeña, conocida, hermosa, donde estaban mis afectos cercanos, tales como tíos/as, primos/as y abuelos/as, a una ciudad desconocida, grande, a la capital, Santiago, con gente desconocida.

Mi niñita de cuatro años estaba aterrada. Por un lado, contenta porque se iba con sus papás y hermanos y, por otro, con mucho miedo a lo desconocido y a esta nueva vida.

Fue un arduo trabajo para que me abriera la puerta del closet donde ella se había metido, estaba escondida. Luego, entrar, sentarme a su lado, reflejar y validar lo que estaba sintiendo, contenerla y contarle cómo su «yo del futuro», quien era ahora, había vivido esa experiencia y cómo iba a estar en todo momento a su lado para escucharla, entenderla y calmarla, porque la amaba tanto y nunca la iba a dejar solita.

En fin, accedió a salir y fuimos a pasear y a tomar helado, lo que era una de las cosas que más le gustaba.

Me impresiona darme cuenta de cuánto le afectó ese cambio a mi niñita de cuatro años. Así pude volver a amigarme con mi corrección, habiendo trabajado también mis lealtades familiares que también habían aflorado.

Se me terminó la alergia, el lumbago y me volví a aplicar para terminar este libro, que es para ustedes, mis lectoras/es.

Como ven, si integramos en nuestra vida a nuestros/as niños/as interiores, si los invitamos a compartir con nosotras/os, les mostraremos su «yo del futuro» que somos y en quién nos hemos convertido gracias a ellos/as. De esta manera, podremos tener un mayor control de nuestras vidas.

Terminaré mi escritura con preguntas que te hace tu niño/a interior, luego de haber leído este libro y con un pedido muy especial de su parte.

Y te dice: «¿Cuál es el significado de mi presencia en tu vida?

¿Cuál es mi contribución por ti?».

Siéntelo en tu corazón. La respuesta puede ser muy diferente a lo que creías.

Y te pide: «Búscame con la determinación de encontrarme. No te rindas, no me dejes caer otra vez. Te necesito. Eres mi versión adulta o madre/padre interna/o.

Quiero que me cuentes cómo llegaste hasta dónde estás, cómo ha sido tu vida. Sana mis dolores y vivamos felices en tu presente».

Atiende y vela por tus propias necesidades. Abrázate y ámate para que te conviertas en un foco de luz tanto para ti como para los demás.

Para ser del todo humano, experimentarse, expresarse a sí misma/o como una singularidad e individualidad de la divinidad, el/la niño/a que llevamos dentro debe ser abrazado/a y se tiene que manifestar.

La curiosa paradoja es que, cuando me acepto tal y como soy, entonces ahí puedo cambiar.

El propósito que me planteé al escribir este libro fue contado tanto con historias reales como con un contenido que validara la importancia de conectar con tu niña/o interior herida/o. Ha sido para que puedas trascender esas frecuencias de dolor hacia la sabiduría de tu niña/o dorada/o y sublime, que es en quien se transforma cuando la/lo liberas de ese cuerpo emocional herido porque no lo escuchaste.

Esa nueva frecuencia de tu niña/o dorada/o te permite la transformación de hacerte cargo de tus emociones de enojo, de pena, de impotencia, etc. Aprovechar estas energías para buscar dentro de ti y estar conectada/o contigo misma/o; en vez de negar todo lo que sucede a tu alrededor. Solo caes en un vacío energético cuando la vida no cabe en tu conciencia, en lo que crees, en lo que debes hacer en tu existencia.

Frecuencias de luz y amor para que nazca este/esta niño/a. Traer luz a la materia física. Cada una/o de nosotras/os somos un sonido, una luz y un color.

Para atraer cualquier cosa debemos reconocer que somos frecuencias. Romper ataduras y abrir nuevas energías que van a modelar los cristales de ADN y a repercutir en todo tu árbol genealógico.

Podremos fluir si vamos hacia dentro para recibir las huellas de nuestra esencia que aún no estamos escuchando. El compromiso con una/uno misma/o es expresar esa cotidianidad con amor.

Es lo que me va a ayudar a regenerar mis células y a hacer el salto cuántico para renacer en otra dimensión de mi ser.

Somos fuerza de vida, que es abundancia, la capacidad de reconocer el próximo paso. Pongamos humor cuando todo se desborde. Y pongamos una sonrisa a la vida.

Si este libro ha despertado tu curiosidad e interés por buscar y sanar a través de tu niña/o interior, mi misión está cumplida y mi corazón se expande de felicidad.

Puedes comunicarte conmigo ante cualquier duda o comentario que te surja por medio de mi Instagram (Angélica Ortiz-Arrieta, Mírame aquí estoy) y correo electrónico (angelicaoaleon@gmail.com).

Anexo

Las cinco heridas de la infancia

1. Herida de abandono: máscara de la dependencia, miedo a la soledad

Un/una niño/a puede sentirse abandonado/a con la llegada de un/una hermano/a, si fue llevado a la incubadora o a la guardería, incluso si se le dejó con familiares. La máscara que desarrolla es de dependencia, cree que no puede por sí mismo/a, busca depender de otros y de confiar.

El cuerpo no tiene tono muscular, su flacidez rebela su falta de afecto, dramatiza mucho, actúa como víctima para atraer la atención de los otros. Alberga mucho miedo a la soledad, pide la opinión, es indeciso, no hace nada solo, si alguien se niega, chantajea, pide, niega que tiene problemas, y luego se le escuchará hablando de sus problemas. En una reunión, si la pareja socializa con los demás, el/la dependiente lo vivirá como abandono. Es capaz de abandonar para que no lo/la abandonen, le dan miedo las personas autoritarias. Tiene dos grandes temores: morir o volverse loco/a y fue muy apegado/a a su mamá. Le angustian los cambios de cualquier tipo, siente angustia y opresión en el pecho.

De niña/o sintió como propias las emociones de su progenitora, aunque seguirá igual de adulta/o, donde suele percibir, de manera intensa, los problemas de los otros. Al hombre dependiente le angustia tener hijos/as. La mujer los/las prefiere cuando son bebés.

El/la dependiente tiende a la bulimia, prefiere lo dulce en su afán de regresar a mamá, tiene miedo al futuro, vivir en soledad y caen en depresión con facilidad.

Reconocer el resentimiento hacia tus padres te ayuda a iniciar la sanación de la herida. Necesita aprender a dirigir la mirada hacia su interior para empezar a sanarse con su amor propio.

Abandono. Brillo: eso es ser autónomo.

2. Herida del rechazo: máscara de la huida, miedo al pánico

El pánico es el mayor miedo. Sienten que no pertenecen a esta tierra, son muy espirituales, les interesa mucho estos temas, no les importan las cosas materiales porque los ancla y no pueden huir.

Son personas calladas, no les gusta llamar la atención, de niños/as fueron muy del deber ser. Ese/Esa niño/a no haya la hora de ir a la escuela porque huye de la casa y vive en la imaginación. Después de los cuatro o cinco años se crea un mundo de fantasía. Es muy perfeccionista, ordenada/o, metódica/o, a medida que envejece hay miedo a tener que depender de otros, goza su independencia.

Su físico es de contextura delgada, casi sin piel, se apega al cuerpo como si pasara desapercibida/o. Son niños/as que se ven muy frágiles, son pequeños/as, los padres los/las sobreprotegen, por lo tanto, la herida se acrecienta. Las palabras que utilizan en su lenguaje son las de salir corriendo, nunca. La relación con la comida puede generar un problema de anorexia y comen muy poco. No les gusta bailar. Son las personas que pasan desapercibidas. Consideran que lo que dicen no importa.

Se sienten merecedores/as de vivir o quieren salir corriendo, al igual que, cuando algo no sale bien, quisieran no existir. Ignoran sus necesidades.

Tarea

Preguntas que me hago:

- ¿Cómo te sentiste en situaciones dentro de tu casa? ¿Querías salir corriendo ante un problema? (Edad entre los cinco, seis y siete años). La herida es tu percepción frente a un hecho.

- ¿Te sientes merecedor/a de ser amado/a? (Van a atraer personas que les van a activar esa herida).
- ¿Sientes que eres un cero a la izquierda, pintada/o en la pared?
- ¿Sientes que prefieren al/a la otro/a en vez de a ti?
- ¿No sabes disfrutar la vida, te saboteas y te aíslas?
- Si sientes rechazo o autorechazo, ¿te evades para no sentir miedo y evitar el dolor?
- ¿Te sientes resentida/o con la/el progenitora/or que te rechazó y, a la vez, la/lo culpas por este sentimiento?
- ¿Vas por la vida buscando reconocimiento en los demás por el que no te dieron tus padres?
- ¿El espejo de rechazo de los demás es como te rechazas a ti misma/o?
- Cuando sanas esta herida, ¿reclamas tu derecho de vivir, de ser feliz, a ser amada/o, etc.? Amor a ti misma/o.

Rechazo. Brillo: de manera eficaz, te sientes merecedor/a de todo lo bueno. Descubres tu sentido de vida.

3. Herida de traición: máscara controladora, miedo a la vulnerabilidad

Tu herida es la misma que la de mamá y papá. Viniste a este mundo a sanarlas. Tus padres son tus maestros en este proceso de sanación. Tú escogiste a tus padres. Estoy para verte y reconocerte.

La máscara es el «yo falso» que surge, y ahí ha estado para protegerte. En el caso de la traición, es el controlador. Miedo a la vulnerabilidad.

Surge entre los dos y los cuatro años y se da con el sexo opuesto. La niña se enamora del papá, y el niño de la mamá. Idealizamos y nos enamoramos, de manera platónica, y demandamos atención, amor e, incluso, coqueteábamos de forma mimosa con papá. Es una fase edípica de la niña porque papá no corresponde al amor, así que esa relación sufre una fractura. Se vive sano cuando el/la niño/a entiende que, para su existencia, son necesarios papá y mamá. Reconozco la existencia de mamá. También pasa con la hija, y ahí se da esa relación con el sexo opuesto. La herida de traición nace cuando las expectativas no son satisfechas. Del mismo modo, tiene que ver con una promesa incumplida por haber faltado a un compromiso.

En la adultez, la persona exhibe gran fuerza. El hombre es musculoso y con buen pecho y espalda. Los compromisos son palabra de Dios. Muy puntual. Se desespera si la persona holgazanea, es veloz, come rápido, no hay tiempo. Es seductor, encantador, te va a decir lo que quieres escuchar, empático, detallista. Presenta pánico al compromiso. El mayor miedo es la disociación, por lo tanto, no rompe un acuerdo, es decir, no se compromete.

El control es su escudo. Va a planificar todo con plan A, B, C. No delega, supervisa, y con mayor razón, a las personas del sexo opuesto para hacer las cosas bien. De niño dice «déjame hacer las cosas a mí». Se perdió la confianza, por eso hace todo. Querrá decir la última palabra y no acepta un «no». Va a preferir llevar la delantera. No le va a costar dejar el trabajo. No permite que le mientan porque es pérdida de confianza. Demostrar que es capaz le produce mucho desgaste. No rinde cuentas. Se molesta si le preguntan dónde fue, qué ha hecho. Él/Ella es quien controla.

Tarea

Preguntas que me hago:

- ¿Papá fue ese gran amor idílico?
- ¿Fuiste correspondida por papá?
- ¿Eres exigente contigo y los demás?
- ¿Cómo haces cuando las personas no cumplen sus compromisos?
- ¿Eres, en exceso, puntual?
- ¿Aceptas un «no» como respuesta?

Él/La controlador/a, si sana, su herida va a aceptar que puede ser vulnerable, que puede confiar.

Traición: un gran líder es capaz de desarrollar el talento que hay en los demás: un buen maestro, jefe, padre y guía.

4. Herida de humillación: máscara del masoquismo (de uno a tres años)

De uno a tres años, tiene que ver con el aprendizaje (a comer, a hacer pipí, etc.), con el ser y el tener.

La herida tiene una creencia que necesita ocupar mucho espacio en la vida de los demás, agradarlas y hacer todo por ellos. ¿Cómo pongo los intereses de los demás por encima de los míos? La obesidad tiene que ver con esto: personas con cuellos muy grandes, cuando la persona parece un barrilito, se da en la adolescencia para no llamar la atención y la gordura tiene que ver con la vergüenza de no aceptar el cuerpo como es. Hay que aceptarse como tal cual somos para sanar la herida. Mientras más obeso, más grande será la herida.

La culpa aparece cuando lo que hacemos no está en los estándares que se debía. La vergüenza tiene que ver con el juicio, hacia dentro, y se acompaña con la culpa. Los/Las hijos/as perciben la humillación por parte de la mamá a través del entrenamiento de esfínteres.

Las personas que tienen esta herida son muy sexuales y sensuales, pero no se lo permiten, de manera que su sexualidad y su sensualidad son cohibidas. El/la niño/a sigue cargando la culpa si descubrió a los papás haciendo el amor y ellos se avergonzaron, entonces el/la niño/a piensa que el cuerpo es para avergonzarse; si lo/la pillaron masturbándose, es más difícil de superar.

El mayor miedo de la herida es la libertad de disfrutar los placeres de la vida. La persona se castiga por excederse, sobre todo con la comida. Las creencias influyen en el metabolismo, por lo tanto, hay que profundizar en ellas. Hay que liberar la culpa y la vergüenza.

Se da en el mundo familiar con los secretos que tienen, con lo que dice:

- «Calladita te ves más bonita».
- «En casa se lava la ropa sucia».

Hubo algo en casa que nadie hablaba y no se podía sacar de ahí.

Tarea

Peguntas que me hago:

- Recordar la infancia para saber si hubo momentos en los que te regañaron por estar sucio/a, mucho más si fue en público.
- Si te pillaron masturbándote. El sexo es sucio.
- Haces bromas de ti, te ridiculizas y, de manera inconsciente, te estás rebajando. La burla y el sarcasmo son dolorosos.
- Les das a todos, pero dices «para mí, nada» y te cuesta recibir. ¿Qué calidad de amor das a los demás si no te amas?
- La comida es tu recompensa y después te sientes culpable. Te sientes avergonzada/o de tu cuerpo. ¿Qué te dices en lo más profundo de tu ser? ¿Qué palabras usas cuando te miras al espejo?
- Te permites ser esa mujer fogosa y sensual, ¿de qué te avergüenzas?
- Es posible que hayas elegido a papá y a mamá, ¿te avergüenzas de ellos?
- Presentas a tus padres, ¿cómo te sientes? ¿Cómo te sentías en la adolescencia cuando los presentabas? ¿Cómo se vestían?
- ¿Cuándo fue la última vez que te pusiste como chivo expiatorio?
- Se debe sanar con los dos padres. El papá la/ lo hizo sentir tonta/o, inútil, etc.

Humillación. Brillo: permitirte el placer y no sentirte culpable. Saca tu sensualidad.

5. Herida de la injusticia: máscara de la rigidez, miedo a la frialdad

El miedo a cometer errores se da entre los tres y los cinco años. La justicia es igual al merecimiento, a sentirse digna/o de recibir, que sea justo de recibir poco o mucho. Sucede con el sexo del mismo sexo. Está relacionado con el rechazo y tiene que ver con la mamá, cuando sentiste que ella no te quería porque hizo algo que interpretaste así. Hay que ser perfecta/o para que mamá me ame. El/la niño/a modelo. A pesar de eso, mamá no me amó. No es justo que esto pase a nivel inconsciente, de ahí se activa la herida de injusticia. Tengo que ser la mejor en todo, y entonces aparece la máscara de la rigidez con una tremenda exigencia hacia ti misma/o. Nunca puedes descansar, debido a que no sería justo si el resto está descansando. Si tomas vacaciones, es porque te las mereces y les haces saber a los demás lo que has hecho para que digan que las mereces.

Este es el cuerpo más armónico, tiene que aparecer perfecto, peinado, maquillado, vestido, etc.

Hay problemas de contractura por el control de tus emociones, en especial, el enojo, el cual llevas adentro, a los músculos, en vista de que absorbes tu ira y se ponen tensos. Hay problemas de miopía porque no quieres o no puedes ver.

Tiene que conectar con sus emociones, con su sensibilidad, con su madre. También posee la incapacidad para demostrar el cariño y sus emociones. El mayor miedo es la frialdad, porque no lo reconoce, se cree amable, afectuosa/o. La frialdad de los demás le causa mucho dolor.

Siempre está muy bien, pero no es del sentir. Le cuesta mucho pedir ayuda, tiene temor a equivocarse por la responsabilidad que se echa encima, por lo tanto, viene la culpa. No tiene tiempo, debido a que está muy apegada/o a los detalles para que todo salga perfecto. Quiere tener la razón. Esas personas son duras, autoexigentes, no les gusta recibir regalos y cumplidos porque sienten que quedan en deuda.

Inclinación por ser muy místicos/as, religiosos/as, ya que las cosas son buenas o malas, blancas o negras, y mientras más estrictas las religiones, mejor.

Monitorear brazos y piernas por la tensión que se genera en los músculos, por lo tanto, hay que liberar, hay que fluir.

Cuando van de compras y les gusta algo, no se lo compran porque son muy indecisos por temor a equivocarse. Los demás siempre serán mejores, por ende, hay un *autoboicot*. Sienten que no están a la altura de los otros. Son muy disciplinadas/os en los deportes, haciendo ejercicios y sus hábitos alimenticios encajan muy bien con esta herida.

A nivel sexual, no se permiten la intimidad y fingen el orgasmo. A nivel emocional, creen que son cálidos, aunque la otra persona no los/las sienta así.

Estas personas, como no se perciben corporal ni emocionalmente, no saben poner límites y pueden llegar al extremo, incluso, de enfermarse.

El alma viene a comprender que la única situación justa es la divina. Desde las leyes del universo hay una contabilidad perfecta.

Tarea

Preguntas que me hago:

- ¿Haces o quieres hacer todo bien, perfecto, pierdes el sueño si no lo realizas y sientes culpa?
- ¿Reconoces tus avances y logros?
- ¿Buscas ser el mejor?
- ¿Qué sientes cuando descansas? ¿Hay culpa?
- ¿Crees que tienes más de lo que mereces?
- ¿Buscas la pareja correcta, por lo tanto, prefieres estar sola/o que mal acompañada/o?
- ¿Tienes dificultad para entregarte a tu pareja?
- ¿Escribes tus actividades y te da culpa si no las llevas a cabo?
- ¿El deber cumplido te da paz?

Injusticia. Brillo: ser sensible, reconocer tu intuición y sabiduría te vuelves más empático/a.

Otros libros sobre emociones

Nunca te lo dirá (Mónica Pallero)

Infinito amore (Janet Toya)

Yo soy mujer maga (María Cecilia Pereira)

El poder de trabajar en ti (Raquel Caspi Miller)

Psicologiando barreras (Luis Rojas Gallardo)

Padres desde el amor (Elena Tangüis)

www.ingramcontent.com/pod-product-compliance
Lightning Source LLC
LaVergne TN
LVHW091113150826
845673LV00002B/812

* 9 7 8 6 1 2 5 0 7 8 3 8 4 *